DE

L'ARBITRAIRE,

DANS SES RAPPORTS

AVEC NOS INSTITUTIONS.

ERRATA.

. Introduction, page vi, ligne 11, les *hommss*, lisez : *les hommes.*

Page 15, ligne 9, après ces mots : *tous les cachots,* supprimez ceux-ci : *de l'Europe.*

Page 90, ligne 18, de poursuivre l'*honneur*, lisez : de poursuivre *l'homme.*

Page 101, lignes, 16 et 17, quand on *ait* mourir le coupable, lisez : quand on *fait* mourir le coupable.

De l'Imprimerie de Cosson, Successeur de M. Bossange,
Rue Garancière, n° 5.

DE

L'ARBITRAIRE,

DANS SES RAPPORTS

AVEC NOS INSTITUTIONS,

ou

LA POLICE, LES PRISONS, LE JURI, LES LOIS
PÉNALES ET LA PEINE DE MORT EN FRANCE.

Par M. BAIL,

Ancien inspecteur aux revues, chevalier de la
légion d'honneur, membre de la société royale des
antiquaires de France, auteur des Juifs au dix-
neuvième siècle, etc.

Ah ! si le Roi le savait !....

PARIS,

Chez CORRÉARD, Libraire, l'un des naufragés de la
Méduse, Palais-Royal, galerie de Bois, n° 258 ;
Et chez Alexis EYMERY, Libraire de la Minerve Fran-
çaise, rue Mazarine, n° 5o.

1819.

INTRODUCTION.

L'IDÉE dominante et le but de cet écrit sont de prouver, par des raisonnemens et des faits, que malgré l'établissement du système représentatif, malgré la Charte, malgré toutes les lois conservatrices de la liberté publique, nous ne nous sommes jamais enfoncés plus avant dans le champ de l'arbitraire, et de rechercher les moyens qui peuvent nous en préserver à l'avenir.

J'examine l'effet de nos lois, je les applique à des incidens publics et notoires; cette tâche n'excède la capacité de personne. Si tout ou partie de ce que je vais dire a été dit avant moi, c'est une raison de plus pour le répéter, pour le crier sur les toits, car j'ai à parler d'intolérables abus.

Pour caractériser l'époque où nous vivons il suffit de dire qu'un homme s'est cru obligé de faire un livre pour démontrer qu'en recourant au Code pénal et à l'économie de la Charte il y aurait peu d'actions coupables de la part des fonctionnaires publics qui ne fussent réprimées (1).

S'il est un grand épisode dans l'histoire des em-

---

(1) De la Responsabilité des agens du pouvoir, par M. Rey.

pires, c'est celui où le peuple français se leva spon-
tanément, après un sommeil de quatorze siècles,
pour prononcer le nom de *Liberté*.

La volonté puissante d'une majorité opprimée
se trouva bientôt environnée d'obstacles et de résis-
tances. Comme de nos jours, des préjugés s'oppo-
sèrent à la fusion des opinions; de petits intérêts
froissés se groupèrent contre l'intérêt général; les
passions fermentèrent dans les cœurs; les haines
s'allumèrent; le sang coula.

Les gouvernemens nés au milieu de ces convul-
sions politiques eurent à soutenir une guerre d'ex-
termination contre des ennemis intérieurs et exté-
rieurs sans cesse renaissans. On vit se renouveler
les proscriptions de Sylla, mais on vit aussi des
prodiges de courage et de patriotisme dont les
peuples antiques avaient donné les premiers exemples et que l'incrédulité reléguait dans le domaine
de la fable.

Cette France, qui précipitait sur l'Europe des
légions de héros, qui n'avait qu'à frapper la terre
pour en faire sortir des armées, déchirée par
des factions opposées, et l'ambition de quelques
hommes, devint le théâtre de toutes les folies, de
tous les excès. Les assemblées politiques montrè-
rent le désolant spectacle de l'intrigue et de la
licence aux prises avec la vertu; le cynisme des

mœurs voila d'un crêpe funèbre la déclaration des
droits; l'exagération tint lieu de talens; les plus
corrompus devinrent les plus populaires; les factieux furent les citoyens exclusifs et les hommes
par excellence. On vanta la probité en immolant le
juste; on parla de tolérance en égorgeant ses adver-
saires; on jura haine à la tyrannie et l'on porta doci-
lement sa tête sur l'échafaud. La liberté triompha
dans les camps, la servitude régna dans les cités.

Au milieu de ces désastres le peuple français se
montra souvent supérieur à ceux qui le gouver-
naient. En vain, sous prétexte de punir des factieux,
d'autres factieux envahissaient le pouvoir; en vain
ils comprimaient la pensée, et les vengeances privées succédaient aux assassinats juridiques; en vain
l'arbitraire étendait son empire, l'opinion était là
debout comme un rocher où venaient se briser les
ambitions diverses.

C'est à la plus belle période de la révolution
française qu'appartenaient la révision des lois pénales et l'initiative de l'abolition de la peine de
mort. Des voix éloquentes et courageuses s'élevè-
rent, pour la première fois dans le sein de l'Assemblée nationale, en faveur du bon sens et de l'humanité; on proscrivit des usages féroces et des
dispositions barbares, mais on ne les proscrivit pas
toutes. Cette célèbre Assemblée, qui fut tour à tour

sublime et brillante comme les héros d'Homère, recula devant la proposition d'abolir la plus effroyable et la plus inconséquente des peines.

En développant ici quelques idées sur de hautes questions législatives, j'avertis que c'est uniquement sous les rapports constitutionnels, politiques et moraux que je considère les questions qui s'y rattachent. Je ne me suis pas dissimulé ma faiblesse et mon insuffisance, mais je n'ai envisagé que l'utilité qui pouvait résulter pour la société de mettre à la portée de tout le monde un petit nombre de vérités perdues dans les gros livres. Cette pensée a pu seule me donner le courage de traiter ce sujet.

A tout prendre s'il y a des hommes à systèmes et des visionnaires, il y a un plus grand nombre de personnes qui parlent de liberté comme les aveugles de couleurs. N'accusons de nos maux que nous-mêmes ; c'est notre faiblesse, c'est notre inexpérience qui les ont enfantés, et quand nous crions contre les abus, nous ressemblons à ces enfans mutins qui frappent la pierre sur laquelle leur étourderie les a fait choir.

Des clameurs injustes se sont fait entendre dernièrement à l'occasion d'un ouvrage (1) dans lequel je défendais la religion, source de toute morale et

____

(1) Qu'est-ce que le clergé dans une monarchie constitutionnelle. Paris, chez Lhuillier, 1818.

de toute liberté. Les passions et l'esprit de parti n'ont pu ni voulu me comprendre; je l'avais prédit dans la préface même du livre. Sa destinée s'est accomplie. Les uns m'ont prodigué le sarcasme, les autres l'approbation, et personne n'a voulu faire de concessions. Comme il arrive à tout ce qui est impartial on a blâmé et loué; les plaisanteries ne sont pas des raisons, les éloges ne sont pas des preuves. Quelques critiques ont été plus loin : ils ont dénaturé mes intentions et mes expressions, ils se sont créé des monstres pour avoir le plaisir de les combattre. L'un de ces critiques, par exemple, me fait dire tout le contraire de ce que j'ai dit au sujet des ventes des domaines du clergé, en isolant ma phrase de ses antécédens, et en altérant la citation qu'il fait d'un passage de mon livre. Je n'ai point dit *qu'il fallût ajouter de nouvelles garanties* aux garanties de la Charte pour la vente de ces domaines, mais *qu'elles seraient plus grandes encore si on dotait le clergé*, ce qui est très-différent.

A cette occasion je fais ici hautement une profession de foi que j'ai maintenue et maintiendrai toujours, c'est que *l'exagération* est la première cause de nos malheurs; elle nous a entraînés dans les extravagances, dans les erreurs, dans les crimes, dans l'humiliation; je la déteste à juste titre quelles que soient ses livrées. Je fus, je serai toujours le champion de l'égalité politique, mais non pas dès excès et de la licence, parce qu'ils mènent droit à l'esclavage.

Quoi qu'il puisse arriver d'ailleurs pour les intérêts privés de l'individu, je ne connais qu'une règle de conduite bonne à suivre, celle qui se fonde sur l'honneur, la justice, la morale et la conscience ; ce fut la religion des Malesherbes, des Bailly, des Condorcet, des Vergniaud ; ils ont péri sur l'échafaud, mais l'histoire est là qui accuse le siècle ingrat et les homms pervers.

J'ai élevé la voix dans un temps où il y avait quelque courage à le faire ; beaucoup de déclamateurs fanfarons étaient alors muets par prudence ; il y a des gens qui ne tirent jamais l'épée que quand l'ennemi est en fuite.

> « Ne faut-il que délibérer ?
> » La cour en conseillers foisonne.
> » Est-il besoin d'exécuter ?
> » L'on ne rencontre plus personne. »

La matière que j'entreprends de traiter, et qui au premier coup d'œil présente un champ si vaste, se réduit cependant par l'analyse à un petit nombre de points fondamentaux, conformes aux lumières du siècle et aux maximes constitutionnelles.

Le vœu de la France s'est fait entendre ; la réforme de la justice et des tribunaux est un de ses premiers besoins. La liberté, la confiance publique doivent s'affermir en raison directe de la sagesse des lois et de l'influence du pouvoir judiciaire.

Le plus bizarre et le plus malfaisant de tous les abus de l'ancien régime était cette possession patrimoniale des corps privilégiés, qui préposait de simples particuliers à rendre la justice en leur nom, à titre d'hérédité et d'achat. Du moment où on vendit le droit de juger, les citoyens furent tenus *de payer les juges* pour obtenir justice. On est tombé depuis dans l'excès contraire, comme s'il était plus sage de chercher la garantie des droits nationaux dans l'autorité arbitraire du gouvernement que dans l'influence aristocratique des corporations judiciaires.

La forme des instrumens par lesquels la justice est exercée peut varier jusqu'à un certain point, mais les principes qui fixent sa nature pour la rendre propre aux fins qu'elle doit remplir dans l'organisation sociale, sont éternels et immuables.

Ces principes salutaires furent proclamés dès l'aurore de la révolution; une régénération absolue s'ensuivit malgré la constante opposition des cours souveraines. Le nouvel ordre politique avait créé de nouveaux rapports, de nouvelles idées, de nouveaux besoins : alors comme aujourd'hui, comme toujours, l'opinion repoussait les tribunaux privilégiés, et encore plus ceux d'exception.

La déclaration des droits fut un phare qui guida l'Assemblée constituante dans la réforme de la législation civile et criminelle. Comme le peuple ne se trompe jamais sur ses vrais intérêts, elle commit l'institution des juges à l'élection libre des justiciables.

En effet, dans un état où les citoyens sont tous également admis aux dignités, aux places, aux emplois, sans autre acception que celle de leurs vertus et de leurs talens, il ne peut, il ne doit y avoir que des juges indépendans ; or pour être indépendans il faut qu'ils soient nommés par le peuple. Que le souverain ratifie ensuite cette élection, qu'il la sanctionne, qu'il lui donne force de loi, rien de mieux, c'est une concession qu'on peut faire sans danger à la prérogative royale dans une monarchie constitutionnelle. Il faut de plus que les juges soient nommés à vie.

On ne saurait s'empêcher d'être intimidé devant ce droit formidable de juger les hommes ; on sent que celui qui en est investi doit être prosterné devant la loi, doit être libre devant les petits et les grands pour accomplir le vœu social.

La révolution a fait faire un pas immense à l'administration de la justice. La simplification de nos

codes, l'établissement du juri, la publicité tutélaire, l'uniformité de la procédure, sa marche
rapide, l'abolition des tortures, restes impies des
siècles barbares, furent d'assez belles conquêtes
dans l'empire de la législation.

Malheureusement l'Assemblée constituante, au
milieu de ses travaux immenses et des débris de
l'ancien ordre de choses, n'a pu qu'ébaucher la
machine judiciaire. L'application des principes
qu'elle avait posés était réservée à des temps plus
calmes. Depuis lors des lois de circonstances, des
intérêts de factions dévièrent plus ou moins de ces
principes, mais on leur rendit toujours une sorte
d'hommage public, lors même qu'on les violait le
plus ouvertement.

Le juri est une institution primitive sortie des
bois; elle respire fortement la nature, l'instinct et
la dignité de l'homme. On n'en parle qu'avec en-
thousiasme, on ne l'aime qu'avec passion; cependant, il faut bien le dire, nous ne la connaissons
pas. Il faut une âme forte et noble pour la bien
concevoir, et peut-être pour en faire un bon
usage.

Il ne suffit pas de proclamer l'ensemble des
vues et l'unité de principes capables d'assurer la
liberté publique, de protéger l'innocence; il
faut les garantir des aberrations dans lesquelles

peuvent les entraîner l'arbitraire et les empiéte-
mens du pouvoir, et pour cela il n'y a rien de
mieux à faire que de réviser complétement notre
système judiciaire afin de le mettre en harmonie
avec la loi fondamentale de l'Etat.

Peu m'importent les principes conservateurs de
la Charte, si traduit devant les tribunaux on peut
me condamner avec les décrets arbitraires de la
république ou du régime impérial, si on peut
fouiller dans l'arsenal des gouvernemens révolutionnaires pour en tirer des lois oppressives et
m'en faire l'application à volonté.

Notre Code pénal, où l'on prodigue si généreu-
sement la mort, invoque une grande et solen-
nelle révision. C'est là, dans ce cahos informe de
nos institutions, que doit se porter la sollicitude du
législateur. Des faits innocens, des fautes légères
sont frappés à l'égal des grands attentats ; nul
rapport entre les délits et les peines, nulle proportion entre les peines des différens délits. On y
voit la faiblesse poussée par la sévérité de la loi
au dernier degré du crime, parce que dès les premiers pas elle trouve le dernier degré du supplice.
De toutes parts le vœu général entoure le sanctuaire et sollicite l'oracle de la réformation : il est
temps enfin de descendre dans ces sombres régions
des crimes et des supplices pour y contempler le

plus affligeant spectacle, celui de l'homme vicieux en proie aux souffrances.

Et la mort, cette peine atroce, est-on bien sûr qu'elle est utile à la société? ne serait-elle pas une antique tradition des barbares routines du despotisme? Je vous entends; sans elle il n'est pas de frein assez puissant pour le crime. Qui vous l'a dit? Jamais il ne fut permis de mettre à mort un citoyen romain; telle était la loi que le peuple avait portée. Sylla vainquit, et il dit : « *Tous ceux qui ont porté les armes contre moi sont dignes de mort.* » Octave et les complices de ses forfaits confirmèrent cette législation. Quand on loua Brutus sous Tibère ce fut un crime digne de mort, et Caligula fit immoler ceux qui ôtaient leurs vêtemens devant son image. Législateurs qui préférez la mort à des moyens plus doux, n'êtes-vous pas des précepteurs inhabiles qui abrutissez vos élèves par des châtimens cruels? pensez-vous métaphysiquement que les hommes puissent donner à la société un droit qui n'appartient qu'à Dieu même ?

On reproche à la révolution d'avoir perverti les qualités douces et brillantes des Français; ce reproche peut être fondé à quelques égards; mais en supposant qu'il y ait parmi nous plus de vices que de vertus, faudrait-il endurcir les cœurs au lieu de les anoblir? ce serait une grande erreur ; il faut inspirer au peuple des sentimens religieux et élevés, il faut qu'il sache se respecter jusque dans ses plaisirs, afin que l'homme soit respectable à l'homme. Quand il aura conçu l'idée de sa dignité on aura peu de crimes à punir.

Dans ce moment où les Français dirigent toutes leurs pensées vers la Charte, où ils puisent avidement dans cette grande transaction sociale la mesure de leur obéissance et celle de leurs droits, il importe de méditer de telles questions, parce qu'elles appartiennent à la raison, et qu'elles sont au-dessus des intérêts de parti.

Hâtons-nous donc d'ajouter à la Charte un principe conservateur de vie et de liberté qui la défende du caprice des hommes et de l'outrage du temps ; garantissons-là des efforts des passions et des dangers de l'inconstance. Unissons l'avenir et le présent, créons des institutions qui soient enfin en harmonie avec la nature de notre gouvernement et qui laissent une trace profonde dans nos mœurs.

Cette théorie de régler les mœurs par les institutions fut celle des peuples célèbres de l'antiquité. Ce sont les gouvernemens qui corrompent ou régénèrent les empires, l'expérience de tous les temps l'a prouvé. Le pays qui a produit des

hommes libres et fiers sous des lois justes et aus-
tères, peut produire un peuple hypocrite et rusé
sous un régime artificieux et fourbe. Il n'y a pas
de milieu pour ceux qui gouvernent et pour ceux
qui obéissent, il faut se prononcer entre la faus-
seté et la droiture, entre la fourberie et la loyauté,
entre l'ignorance et les lumières, entre la barbarie et la civilisation, entre l'esclavage et la liberté.
Hommes du dix-neuvième siècle, votre choix n'est
pas douteux.

DE
L'ARBITRAIRE,

DANS SES RAPPORTS,
AVEC NOS INSTITUTIONS.

§ Ier.

DE LA POLICE ET DES ESPIONS.

L'OBJET de toute police doit être de conserver à l'homme les avantages que lui assure l'état social. Ainsi son action consiste à prévenir le mal quand elle le peut, et à l'arrêter quand il se montre.

La police est *administrative*, ou *judiciaire*, ou *générale*, ou *locale*. Sous ces différens rapports, elle doit garantir la sûreté de l'Etat, la tranquillité des citoyens, les intérêts de la nation et la liberté publique.

La police administrative, judiciaire et locale, ne devrait être exercée légalement, sous l'empire du régime constitutionnel, que par l'administration municipale. Elle ne serait jamais dans cette hypothèse qu'une autorité protectrice et tutélaire, et dégagée de formes inquisitoriales. Bien entendu que l'administration municipale serait ce qu'elle doit être, c'est à dire nommée et instituée par le peuple. L'administration communale ou municipale diffère essentiellement de l'administration publique. L'administrateur de la communauté doit être pris dans son sein; non pas imposé par le pouvoir, mais choisi par elle; ce principe est inhérent au gouvernement représentatif.

La police générale, renfermée dans ses attributions naturelles, qui sont de veiller exclusivement à la sûreté du prince et de l'Etat, confiée à un agent responsable, n'ayant pour auxiliaire que la morale, pour boussole que la probité, serait souvent utile et jamais dangereuse.

Les abus déplorables du pouvoir sont les résultats nécessaires de l'absence des lois. La liberté de la presse, la liberté individuelle, la responsabilité des ministres, l'indépendance des tribunaux, le régime municipal sont inséparables du gouvernement représentatif. Dans une monarchie constitutionnelle comme dans une monarchie absolue tout se tient, tout s'enchaîne; on ne peut ôter une pierre de l'édifice que le reste ne s'écroule.

Depuis la destruction du dernier gouvernement quelques personnes se sont récriées avec raison contre les moyens de pouvoir de la police; elles ont manifesté des craintes aussi bien pour la liberté publique et individuelle que pour la morale. Il n'est que trop vrai, par une fatalité singulière, nous avons conservé sous l'empire de la Charte plusieurs parties honteuses du gouvernement absolu et de l'administration impériale. Je ne me propose point d'attaquer ici les personnes, mon seul but est de prouver que l'espionnage, la délation et leurs suppôts sont contraires à l'ordre et à la paix.

Dira-t-on qu'il n'y a pas d'institutions sans défauts ? Je répondrai que dans le nombre des moyens à employer pour conduire les hommes, on doit préférer ceux qui respectent leurs droits et ne les avilissent point.

Quelque raisonnement qu'on fasse, quelque sophisme qu'on emploie, on ne parviendra jamais à prouver que la délation et l'espionnage atteignent ce but; on ne démontrera point que les abus, la honte, les désordres qu'ils occasionnent sont compensés par quelque avantage incontestable pour la société.

Que si on allègue les momens de troubles pour justifier l'espionnage, on me permettra d'objecter qu'alors, comme en temps de peste, on peut employer momentanément des moyens violens, comme les poisons qu'on administre aux malades dans une situation désespérée; mais que tout homme public, qui après la crise veut retenir un pouvoir odieux, se rend coupable de prévarication.

L'emploi des espions par la police autorise les magistrats et les fonctionnaires à en faire aussi usage; c'est ce qui est arrivé, et ce qui arrive peut-être encore chaque jour. Tout en invoquant la Charte, des préfets, des sous-préfets, des maires, des hommes publics d'un rang plus subalterne encore ont soudoyé des espions; et ce qu'il y a de pis, ils les ont soudoyé dans l'intérêt de leurs passions et de leurs vengeances. Que dis-je? N'en a-t-on pas vu prescrire officiellement la délation comme un devoir? J'ouvre la Bibliotèque historique, qu'on pourrait appeler les *Annales de l'Arbitraire et du Ridicule*, et je lis, au 3ᵉ volume, 1ᵉʳ cahier, page 18, l'arrêté d'un préfet en huit articles, qui transforme tous les *bons citoyens* en dénonciateurs, les aubergistes en espions, les sous-préfets, les maires, les gendarmes en inquisiteurs.

Malheureusement l'espionnage et la délation paraissent nécessaires à ceux qui n'ont pas l'habitude de réfléchir sur les mesures d'ordre public; comme c'est le plus grand nombre, l'espionnage est une chose reçue; l'on s'endort sur les dangers de l'arbitraire et de l'immoralité. On ne voit pas la pente naturelle de tout homme puissant à juger ses procédés d'après ses intentions, jamais d'après les formes qui les rendent odieux. Vous êtes arrêté, claquemuré, vexé, tourmenté, relâché tour à tour;

peut-être le devez-vous à l'erreur d'un commis
ou aux bons offices d'un espion; mais enfin pourquoi vous plaindre? c'était probablement pour
votre bien : après une longue détention on vous
fera des excuses, et tout sera au mieux dans le meilleur des mondes.

L'évidence des faits sera incontestablement dé-
montrée, quand j'aurai prouvé : premièrement,
que l'espionnage et la délation portent atteinte
aux droits de l'homme et du citoyen; secondement,
qu'ils sont une source de corruption, et jamais des
moyens d'ordre et de sûreté publique.

En morale, c'est un délit, ou tout moins une
bassesse dans l'homme qui en fait usage; comment,
à plus forte raison, les autorités pourraient-elles
se les permettre? De quel droit attacherait-on
impunément un espion à mes pas? De deux choses
l'une, ou je suis coupable, ou je ne le suis point
si je suis coupable, qu'on produise les preuves légales, et la loi me punit; si je ne le suis pas, qui
a le pouvoir d'abuser de ma confiance, de livrer ma
personne à l'inquisition malfaisante de quelques
êtres méprisables, intéressés à me trouver suspect?

Quand un crime est commis et que l'auteur est
en fuite, combien de gens doivent frémir! Trem-
blez, citoyens qui portez un vêtement semblable, ou
qu'un jeu de la nature fait ressembler au scélérat

poursuivi, vous allez être accablés d'humiliations par la maladresse d'un espion! Quel dédommagement offrira-t-on à l'honnête homme, au citoyen paisible que la cupidité d'un misérable aura exposé aux avanies? L'hypocrite défenseur du despotisme et de l'arbitraire a beau me dire que l'honnête homme ne craint rien, qu'il ne peut être condamné sur de sourdes accusations, ni privé de l'appui des formes judiciaires; je lui soutiens, moi, que je ne dois pas être souillé des regards inquisiteurs d'un espion. La sûreté publique, direz-vous, exige qu'on observe les coupables et qu'on les cherche pour les punir; à cela je vous réponds que la loi, impassible dans son but et dans ses effets, ne *cherche point*, qu'elle se contente de *frapper* lorsque la société outragée lui montre le criminel, ou que le ministère public se rend accusateur; qu'enfin elle préjuge innocent celui qui n'est point encore déclaré coupable à ses yeux.

On m'objectera que si l'espion ne peut être autorisé à s'introduire dans la demeure du citoyen, il peut du moins le surveiller sans inconvénient dans les lieux publics, lorsque celui-ci est suspect. D'abord comme les espions n'ont pas d'uniforme qui les distingue, rien ne me garantit qu'il ne s'en présentera pas chez moi; et quant à l'extérieur, la ligne de démarcation est trop imperceptible, trop aisée à franchir. Qui me répondra que le misérable payé pour observer ma porte n'entrera pas bientôt dans ma chambre? S'il est permis d'omettre certaines formes pour les délits publics ou contraires aux mœurs, si la police doit exercer dans ce cas une action plus immédiate, plus expéditive, il ne doit jamais être permis à ses agens d'agir arbitrairement, de disposer des personnes par l'espionnage, de tenir registre des actions individuelles, et de faire de la société une servitude de tous les momens.

On a vu condamner par les tribunaux des gendarmes et des commissaires de police, pour fait de concussion et de prévarication. On a vu figurer des espions comme témoins dans les procès criminels pour délits politiques; enfin, comme si le scandale devait être porté à son comble, on a soudoyé des espions pour provoquer le délit. Du moment où un gendarme peut m'arrêter de son propre mouvement dans l'espoir d'arracher quelques pistoles, où un commissaire de police peut piller ma maison, je ne suis pas en France sous le régime constitutionnel, je suis en Turquie sous le bâton d'un jannissaire, et je ne fais point de différence entre Paris et Constantinople.

La police est au-dessus des lois ou elle est soumise aux lois, elle est en dehors ou en dedans de la Charte. Le premier cas n'est pas à supposer sous un régime constitutionnel; dans le second, il resterait à expliquer comment, malgré les dispositions fondamentales et législatives sur la liberté individuelle, un préfet de police peut détenir, interroger, emprisonner ou rendre à la liberté un citoyen selon son bon plaisir, sans articuler aucun fait, sans déduire aucun motif. Il resterait à expliquer comment un commissaire de police peut condamner ce même citoyen à l'amende, pour n'avoir point tapissé sa maison dans les rues où passe la procession du Saint-Sacrement, lorsque la Charte consacre formellement la liberté des cultes. Nos lois prononcent-elles des peines contre ceux qui, professant une autre religion, refusent de rendre un culte extérieur au Saint-Sacrement? On en peut raisonnablement douter, car la liberté de conscience est un droit acquis par une possession de trente ans, et reconnu par le Roi. Il n'est pas à supposer non plus qu'un commissaire de police puisse abroger l'art. 5 de la Charte.

Un homme signalé dans sa commune pour ses opinions politiques est enveloppé dans sa maison par la gendarmerie qui vient l'arrêter. Il trouve le moyen de fuir; les gendarmes le poursuivent; ne pouvant l'atteindre ils tirent sur lui, et une balle le frappe à mort. Y a-t-il un pays civilisé où la force armée puisse se permettre de tirer de son propre mouvement sur un citoyen? Ce fait a eu lieu en 1816 dans le département de l'Isère, et cependant toute rigueur est formellement interdite par la loi à la force armée. La seule organisation de la garde nationale met les citoyens à la merci d'une foule de petits despotes, qui disposent arbitrairement de leur temps, et ce qui est pis encore, de leur liberté.

La police doit conserver à tous la jouissance publique des choses qui appartiennent à tous; nous le répétons, elle ne doit pas être *hostile*, mais *conservatrice*, sans quoi l'ordre social est troublé, interverti. Hors du cercle de la conservation, il n'y a d'autre force, d'autre organe, d'autre volonté que la loi. Dès qu'on en sera revenu à ce principe, dès qu'on aura rendu à l'administration municipale toute la plénitude de ses droits, dès qu'on aura obtenu des lois organiques de la Charte et qu'on les fera observer, la police, il faut bien l'espérer, se fera sans gendarmes et sans espions.

L'espionnage, si odieux en lui-même, est une prévarication dans le magistrat qui l'emploie; car ce moyen est une injure, une flétrissure, et toute flétrissure est une peine. Institué pour concourir au maintien de l'ordre, il le viole dès qu'il soudoie un espion. Ministre de la loi, elle ne le charge point d'aller à la *chasse* des coupables, mais seulement de les punir quand ils sont sous la main de la justice. En vain dira-t-on que sous un régime constitutionnel on ne peut faire servir l'espionnage à l'exécution d'ordres arbitraires; que le suspect a son recours à l'autorité dès qu'il est pris, que la procédure est publique et le magistrat responsable.

Non : dans notre législation actuelle le magistrat, le fonctionnaire public ne sont pas responsables, car ils ne peuvent être jugés que de l'avis du conseil d'état pour *forfaiture*, et l'on sait si beaucoup *d'avis* semblables sont déjà intervenus. D'ailleurs le conseil d'état n'existe qu'en vertu de la constitution républicaine de l'an VIII, et l'on peut, je pense, la supposer abrogée par la Charte. Ne jugeons pas de l'espionnage par son objet : peu importe l'intention de celui qui s'en sert; il est illégal, cela nous suffit. Ce n'est pas seulement parce qu'il est favorable à l'arbitraire qu'il faut le proscrire, mais parce qu'il livre à une coupable curiosité les actions privées dans lesquelles nul n'a le droit de s'immiscer; qu'il expose les citoyens à des recherches inquiétantes, qu'il est une arme terrible entre les mains du pouvoir, et un moyen d'esclavage. On ne pourrait pas citer un complot ou une conspiration découverte par l'action des seuls espions de la police; donc ils sont inutiles à la sûreté publique.

Le plus pernicieux moyen de corruption sociale est incontestablement celui qui solde la bassesse et l'ignominie, celui qui les place sous la protection de la force publique, qui les emploie à la recherche des actions des hommes, qui, sur le simple soupçon, livre l'honneur et le secret des familles à la discrétion d'un shire. On ne s'aborde alors qu'avec défiance, on ne se parle qu'avec inquiétude; c'est une guerre sourde dont le mal est incalculable.

De toutes les magistratures la police est celle qui doit le moins jouir de la faveur publique, parce qu'elle est continuellement en présence des passions, des vices et de la malveillance, disposés à troubler la société. Son action vigilante et coercitive est visible partout; le bien qu'elle peut produire ne se montre nulle part.

Sous un gouvernement absolu la police est inquiète et tracassière, ombrageuse et oppressive. La tyrannie, tremblante et soucieuse devant les actes qui l'accusent, ne croit jamais avoir assez d'yeux pour observer, assez de bras pour atteindre. L'espionnage, la délation, les formes inquisitoriales environnent et fatiguent le citoyen paisible.

Sous le gouvernement constitutionnel, où l'homme jouit de ses droits, la police doit avoir un tout autre caractère; elle règle ses principes sur l'esprit de la constitution, et ses moyens sur ses principes. S'il en était autrement, le citoyen cherchant la mesure de ses actions dans la loi, et la police dans le vague de l'arbitraire, l'un serait puni pour avoir usé de ses facultés, et l'autre ne verrait qu'un délit dans une action légale, ainsi le pacte social serait violé à la fois d'une manière positive et négative.

Ce qui n'est pas défendu par la loi ne peut être empêché ; c'est dans cet axiome que se trouve renfermé tout le secret de la police constitutionnelle.

L'objet du gouvernement représentatif étant de faire jouir chaque citoyen de la plus grande somme de liberté, de sûreté, de tranquillité compatibles avec l'existence du corps social, c'est de la combinaison de ces avantages que doivent résulter les lois et réglemens de police pour être en harmonie avec l'ordre et la liberté.

La police s'est écartée de ce but et de cet objet partout où elle a employé des espions. Qu'elle ait des observateurs pour suivre les filoux, c'est une chose qui peut paraître fort bonne au premier coup d'œil, mais qui ne donne pas des résultats fort satisfaisans. Les lois sont moins faites pour restituer les objets volés, que pour punir le voleur et l'intimider par un juste châtiment. Il importe beaucoup à l'ordre public que le coupable soit atteint, il lui importe fort peu de retrouver les bijoux de tel ou tel. L'ordre public n'est donc pas intéressé à bouleverser tous les rapports de confiance à l'occasion d'un vol, à porter des regards inquiets partout, à noter la conduite des uns, à interpréter les paroles des autres ; ce n'est là ni le vœu, ni l'objet, ni le droit de la puissance politique.

Du moment où vous rendez l'espionnage utile aux intérêts des individus, non dans la satisfaction qu'ils ont droit d'attendre de la loi, mais dans la facilité qu'ils trouvent à réparer leurs pertes par des recherches officieuses, vous livrez le public à la calomnie, à la défiance, aux soupçons, à l'indiscrétion, à l'immoralité des êtres dégradés que vous employez. Je vais plus loin, et j'établis que l'espionnage est au moins aussi favorable aux fripons qu'il peut l'être aux honnêtes gens. Il y a une sympathie qui rapproche les hommes dépravés ; souvent le scélérat que l'on croyait atteindre par l'adresse des espions échappe par leurs avis ; quelques écus de plus ou de moins de part et d'autre décident la question.

C'est donc une folie, ou tout au moins une imprudence, de fonder la sûreté générale sur un pareil moyen. L'espion, favorable au criminel opulent, ne l'est pas moins au coupable indigent; l'un lui échappe avec de l'or, et l'autre par son obscurité.

Les peuples de l'Amérique, ceux de l'Angleterre et de l'Allemagne ne sont ni plus malheureux ni plus dépravés pour n'avoir point d'espions. L'action de la police, dans ces contrées, se borne à faire disparaître le bourbier infect des grandes villes, à réprimer les attentats aux mœurs, à entretenir partout une clarté favorable au milieu de la silencieuse obscurité des nuits. J'ai certes plus de confiance dans une lanterne que dans un espion pour me garantir des voleurs.

Les espions de sûreté, ceux que dans son langage énergique le peuple nomme *mouchards*, n'ont jamais prévenu ni arrêté le vol. Tout dépend des idées de morale et de religion, de la misère et des bras oisifs. Dix mille espions n'empêcheront pas un homme qui meurt de faim de prendre du pain où il en trouve, mais si cet homme est religieux sa conscience crie, et il s'arrête.

Cette doctrine, je le sens, paraîtra fort étrange à quelques esprits; on pourra bien traiter de visions ces idées d'ordre et de justice par lesquelles il serait à souhaiter qu'on rappelât l'homme à sa dignité et le citoyen à ses devoirs. Quant au pouvoir je ne vois pas ce qu'il gagne à un tel état de choses; un

gouvernement légitime, un gouvernement pater-
nel ne doit fonder son autorité que sur la confiance et l'amour du peuple.

§ II.

DES PRISONS.

LE régime des prisons s'est amélioré depuis
vingt ans en France, du moins dans la capitale. En
Europe, l'attention des gouvernemens s'est portée
sur cette branche importante de l'administration,
depuis que le célèbre Howard, ayant visité presque
tous les cachots de l'Europe, révéla aux contem-
porains les tourmens et les droits de l'infortune.

Si la loi établit des degrés entre les délits et les
peines, à plus forte raison doit-elle distinguer les
individus détenus dans les prisons, et les classer
d'après le genre de délit, puisque la plupart ne sont
qu'en état de prévention, qu'ils sont par consé-
quent présumés innocens et privés de la liberté
par anticipation.

On sent que dans cette hypothèse la captivité,
cette peine déjà si dure, ne peut sans cruauté se
changer en supplice. Or c'est un supplice, pour
l'honnête homme injustement accusé, d'être confondu avec des scélérats. D'un autre côté, il est
inévitable que celui qu'une première faute a con-

duit dans le vice ne s'y enfonce pas plus avant. Ainsi *prévenus* ou *condamnés* doivent être classés dans les prisons.

Il ne suffirait pas encore d'établir ces distinctions, il faudrait accorder également à tous les détenus les égards et la protection dus au malheur. Quoiqu'en état de suspicion , ou déjà frappés par la loi, ils n'ont pas cessé d'être hommes. Qu'une surveillance active, qu'une inspection juste et sévère les garantisse surtout des vexations et de l'arbitraire des subalternes, car il n'y a point de plus intolérable despotisme que celui qu'on exerce à tous momens.

Les droits imprescriptibles de l'homme ont des limites devant lesquelles il faut s'arrêter, quel que soit le crime. La privation de la liberté ne saurait donc entraîner la privation de tout exercice ; la gravité du délit ne saurait dans aucun cas justifier cette espèce de *question* qu'on appelle aujourd'hui le *secret ,* genre de torture affreux, réprouvé par les lumières du siècle, et inconnu même sous la jurisprudence barbare du régime féodal.

Quoi ! des hommes prévenus d'un délit, sous la monarchie constitutionnelle, pourront être séparés pendant des années de la nature entière; privés d'air, de secours, de consolations, de conseils, au gré ou au caprice d'un homme, et quand on n'aura point trouvé de charges contre eux ils seront trop heureux qu'on ouvre la porte de leur cachot? Cette supposition répugne au bon sens, elle choque la raison, elle outrage l'humanité. Nous retomberions sous l'empire des lettres de cachet.

Mais il n'est que trop vrai, tout cela est reçu, tout cela se fait; on ne saurait donc assez réveiller l'attention générale à cet égard, on ne saurait signaler ces énormes abus avec trop de véhémence aux mandataires du peuple, on ne saurait peindre avec des couleurs assez fortes le silence des lois et les attentats de l'arbitraire.

Je n'examinerai point si on peut arrêter et détenir des citoyens pendant un temps indéfini sans les mettre en jugement, c'est aux chambres assemblées qu'il appartient d'approfondir cette question; si j'en fais mention ici, c'est parce qu'elle est de la compétence de l'opinion publique, et qu'elle est déjà jugée à son tribunal.

Mais peut-on détenir un citoyen sans lui faire connaître les motifs de sa détention? Assurément non : les lois y ont pourvu.

La Charte déclare que nul ne peut être *poursuivi, arrêté*, que dans les cas prévus par la loi et dans *les formes qu'elle prescrit*. Quelle est la forme prescrite? La voici : «Les préfets, les maires et les autres officiers de police *constatent les crimes et délits*, reçoivent les dénonciations, et *livrent aux tribunaux les prévenus* ».

Cependant en 1818 des individus sont arrêtés dans le département du Cantal; sans mandat d'arrêt ni de dépôt ils sont détenus en vertu du pouvoir *discrétionnaire* de l'autorité administrative, et mis au *secret*. On se plaint, on réclame contre l'irrégularité de la détention, et le magistrat qui a ordonné l'arrestation ne fait d'autre réponse que celle-ci : « *Je n'ai point de compte à rendre* ».

Ecoutons un des personnages impliqués dans la conspiration dite *Ultrà-Royaliste*, reconnu depuis innocent, et mis en liberté avant la fin de l'instruction sur les faits qui lui étaient imputés ; son récit simple et naïf me paraît plus éloquent que toutes les ressources de l'art oratoire pour exprimer les effets déplorables de notre régime judiciaire, l'insuffisance de nos codes, le tableau intérieur des prisons, et l'abominable invention du *secret*.

« Escorté de deux gendarmes, dit M. Dejoannis,
» l'un des prévenus, je fus transféré à six heures
» du soir à la prison de *la Force*, et conduit au
» corps de logis dit *Bâtiment neuf.* On me fit
» monter cent vingt et quelques marches, et je me
» trouvai sous le comble, lequel est divisé en
» quatre petites cellules de huit pieds carrés, en

» observant toutefois que je ne pouvais faire deux
» pas sans me heurter la tête contre le mur,
» attendu que le côté de la toiture fait voûte, et
» ainsi, rétrécit l'espace de moitié. De la porte
» d'entrée du bâtiment jusqu'à mon chenil, j'avais
» franchi six guichets, dont trois sur l'escalier,
» lequel m'était commun avec les galeux de cette
» prison. Aussi toutes les fois que je descendais ou
» montais, j'étais obligé de prendre le soin de ne
» point passer mes mains sur les rampes, de crainte
» de gagner cette affreuse maladie.

» Le réduit où je fus confiné n'a qu'une ouver-
» ture de deux pieds carrés, fortement grillée.
» L'air, qui n'y pénétrait que par en haut, ne
» pouvait circuler ni se renouveler activement.

» L'aspect de ce lieu me fit horreur par son
» obscurité et la couleur noire et livide de ses
» murailles. A peine fus-je introduit dans ce ca-
» chot, que le guichetier me fouilla de la tête aux
» pieds, me fit ôter tous mes vêtemens, même
» mes souliers ; il emporta mon mouchoir de
» poche, ma cravatte, mon argent, ma montre,
» les papiers saisis chez moi par le commissaire de
» police, et que le juge d'instruction m'avait remis
» en totalité. On m'enleva jusqu'à mes bretelles.
» On peut juger quel dut être mon embarras; je
» fus forcé de me coucher, et à force de prières on

» me rendit mon mouchoir de poche, qui, la
» nuit, me servait de bonnet. On mit sur ma
» table un pain de munition, une cruche
» pleine d'eau, et un baquet ouvert dont l'o-
» deur indiquait l'usage. C'est ainsi que dans un
» espace de huit pieds tout se trouvait entassé.

» Pendant toute ma captivité on m'a refusé
» de l'encre et du papier : quand j'avais à écrire
» on m'en apportait, et on le remportait dès que
» j'avais terminé. Je fus donc privé d'une des plus
» douces consolations qu'on puisse avoir dans un
» pareil séjour.

» Un homme au *secret* peut être privé de tout ;
» le geolier peut prendre à son égard telle me-
» sure qu'il juge nécessaire. Je connais un prison-
» nier encore actuellement à la Force, et qui
» vraisemblablement sera mis en liberté, à qui
» on mettait des menottes de fer pendant qu'on
» le rasait. Quelle loi peut autoriser une pareille
» infamie contre un homme qui n'est même pas
» mis en prévention ?

» Toutes ces observations n'ont pas pour objet
» de me plaindre de qui que ce soit, car toutes
» les formes judiciaires ont été observées. M. le
» juge d'instruction mérite de ma part un éclatant
» hommage. Le concierge, dès que je le vis, m'of-
» frit tout ce qui était en son pouvoir pour adou-

» cir ma position. Mes guichetiers étaient plutôt
» mes domestiques que mes maîtres, mais tous
» leurs vœux ne pouvaient pas changer le lieu où
» il fallait que je restasse confiné, ni me préserver
» de l'horrible chaleur, et des maux affreux qu'elle
» m'a fait souffrir ; c'est au point que je passais
» mes journées couvert d'une serviette imbibée
» de vinaigre. Enfin les bonnes dispositions de
» mes gardiens ne pouvaient pas aller jusqu'à
» donner de la circulation à une atmosphère étouf-
» fante de plus de cinquante degrés, non renou-
» velée, et infectée par le voisinage des galeux.

» Je fournis donc cette notice moins pour pu-
» blier ce qu'a souffert un homme d'honneur, que
» pour concourir de tout mon pouvoir, en révélant
» les actes d'un régime aussi odieux, à en accélérer
» la régularisation, en satisfaisant à la fois aux be-
» soins de la justice pour atteindre les criminels,
» et à celui de l'humanité qui exige d'autres égards,
» et qui a d'autres droits. Je me réserve, lors de la
» réunion des chambres, de publier mes idées à ce
» sujet, car nul ne peut mieux en parler, et nul ne
» peut en bien parler s'il ne l'a subi lui-même. »

Il est permis, après cet exposé, de demander
aux partisans de l'arbitraire quels dédommagemens, quelles réparations on peut offrir à un
homme, qui pendant huit ou dix mois de secret a

épuisé les forces du corps sous les violences des peines physiques et morales, lorsqu'enfin il est reconnu innocent et rendu à la liberté; et s'il peut y avoir des dédommagemens, comment il faut s'y prendre et à qui il faut s'adresser pour les obtenir. On a des exemples que des hommes mis en liberté comme celui que je viens de citer, ou acquittés par les tribunaux, ont été retenus au *secret*, les uns *cent quatre-vingt-trois jours*, les autres *cent-dix*, les autres *quatre-vingt-onze*. S'il faut qu'une redoutable sévérité veille au dedans et au dehors de ces lieux de douleur pour assurer la punition du crime, qu'il soit permis du moins à la pitié d'y descendre pour en adoucir les rigueurs, que la torture en soit bannie, et que la justice y règne.

Le régime intérieur des prisons est encore plus vicieux dans les départemens. L'ancien maire d'une commune rurale, condamné à la détention pendant huit mois pour un prétendu délit politique, s'exprime ainsi :

« A peine l'arrêt fut-il rendu que je fus saisi par les gendarmes et conduit à la *maison de correction;* c'est là que se trouvaient confondus l'innocence et le crime; c'est là que sous les clefs d'un geolier je gémis pendant huit mois séparé de mes affections les plus chères. Ma santé s'affaiblit subitement, et je sollicitai de M. le procureur-général la faculté

d'aller prendre des bains sous l'escorte d'un ou de
deux gendarmes ; il me la refusa tandis qu'une
libre sortie était laissée à un condamné à six ans
de galères......, Ce qui aggravait ma peine c'était
les vexations du geolier *qui prenait à tâche de
répandre sur moi l'injure et l'outrage ;* il inter-
ceptait mes lettres et *ne permettait pas que l'on
me rendît visite.* On apprivoise les tigres , et l'on
pourrait aussi apprivoiser un geolier si l'on cares-
sait son intérêt. La perte d'un dîner allumait sa
bile et m'annonçait divers mécontentemens. La
pitié n'habite pas les prisons, et c'est un crime d'en
montrer dans cet horrible lieu. J'en témoignai un
jour envers un compagnon d'infortune, que malgré
son âge et la faiblesse de sa santé on voulait traîner
à Clervaux, *quoiqu'il fût hors d'état de supporter
le voyage.* Je me vis alors indignement traiter et
assaillir de qualifications les plus injurieuses par le
chirurgien qui ce jour-là était de police. »

Poursuivi par l'appareil lugubre des verroux,
on se demande, en entrant dans ces sombres de-
meures, pourquoi par de nouvelles distributions
intérieures on n'a pas encore procuré plus d'air et
d'espace aux détenus ; pourquoi leurs alimens ne
sont pas meilleurs, leur coucher plus propre ;
pourquoi on confond le débiteur malheureux, le
voleur flétri et l'écrivain licencieux ; pourquoi enfin

on contraint ce dernier à endosser les livrées de l'infamie, lorsque la loi ne le condamne qu'à une simple détention. Ce sont des prisonniers sans doute; mais quoi, l'imprudence qui nuit à la société doit elle être confondue avec le vice qui la déshonore et l'épouvante?

L'administration aurait pu remédier il y a long-temps à ces abus avec moins de dépenses et de soins qu'il n'en faut pour une fête publique. Depuis peu ils paraissent cependant fixer son attention; ils lui sont connus et elle semble s'en occuper : en supposant que ses efforts ne fussent pas suivis d'améliorations sensibles on devrait lui en tenir compte. Espérons qu'elle sera soutenue par l'opinion dans cette noble entreprise, et secondée par tous les hommes éclairés, par tous les champions de la liberté.

Nous avons, Dieu merci, assez de lois. On trouve partout sur le papier des dispositions conservatrices de la sûreté individuelle et générale; la justice est dans les formes, l'iniquité dans l'application. Rien de mieux que ce qui a été ordonné, rien de pire que ce qui est. Mais dans un temps où on lit avec le désir d'éclairer sa raison, nous pouvons espérer quelque utilité des détails que nous venons de rapporter, bien que ceux qu'ils concernent soient faibles, impuissans et obscurs.

Qu'il me soit permis, en terminant ce chapitre, d'ajouter un mot sur les *bagnes*, où les désordres ne sont ni moins grands, ni moins préjudiciables.

La peine des travaux publics est un élément utile dans un bon système pénal, mais il existe plus d'un vice radical dans cette punition. La douleur du condamné est absolument perdue pour l'exemple.

C'est dans un petit nombre de villes maritimes que les forçats de toute la France sont resserrés ; il faut habiter Brest et Toulon pour savoir quel est leur sort. Et de quel spectacle sont témoins ceux qui considèrent de près ces réservoirs du crime ? qu'y voient-ils ? un arbitraire révoltant : des hommes, frappés d'une condamnation semblable, différemment traités par leurs gardiens ; les uns excédés de coups, de travaux et de rigueurs ; les autres ménagés, soignés, comblés de tous les adoucissemens, croupissant dans l'oisiveté. Tout dépend de la faveur ou de la protection, de l'amitié ou de la haine, de l'indulgence ou de la sévérité d'un homme grossier, et presque toujours insensible.

Encore faudrait-il que les bagnes, ces cloaques impurs, puissent rendre les hommes meilleurs, mais c'est le contraire. Il s'y tient une espèce d'école de crimes, où les malheureux s'instruisent et se perfectionnent mutuellement dans la carrière de la dépravation. Je n'examinerai pas la nullité du travail des forçats, et les dépenses énormes qu'il entraîne, je reviens au principe que toute peine éloignée du lieu du délit manque du caractère principal d'une peine utile, celui de rendre l'exemple présent et durable. Qu'on emploie donc les forçats aux travaux des routes et des canaux, à ceux de salubrité dans les grandes villes, à de plus pénibles encore, pourvu qu'ils n'excèdent point leurs forces; qu'on les montre à chaque instant à leurs concitoyens tout couverts d'infamie et d'opprobre; ainsi la honte de la condamnation ne sera point illusoire, elle profitera à la société entière.

Les conquêtes d'un siècle peuvent devenir la proie des conquêtes d'un autre siècle; tout change, tout se détruit, il n'y a que la sagesse des nations qui soit inébranlable. C'est par les institutions civiles bien plus que par les armes que les Romains ont régné sur le monde, et qu'ils y règnent encore après qu'ils ne sont plus.

On nous parle de *constitution*; eh bien! la constitution dans un pays libre, éclairé, c'est la garantie de tout ce qui est juste et légal. On nous parle de *circonstances*; mais quand furent-elles jamais plus favorables pour assurer tous les droits? Faisons entrer une bonne fois l'avenir dans nos têtes; dissertons un peu moins longuement sur les *mots*, et tenons un peu plus sérieusement aux *choses*.

§ III.

DU POUVOIR JUDICIAIRE.

LE pouvoir judiciaire est celui des pouvoirs publics dont l'exercice habituel a le plus d'influence sur le bonheur des particuliers, sur les progrès de l'esprit national, sur le maintien de l'ordre politique et sur la stabilité de l'acte constitutionnel.

Toute institution, qui, dans ce cercle ne concourt pas à ce but, est par cela même dangereuse. Une sage organisation du pouvoir judiciaire doit donc rendre impossible les injustices qui détruisent l'égalité civile des citoyens, parce que cette égalité est inviolable : il ne s'agit pas ici de réformes partielles, mais de l'application des principes constitutionnels à nos cinq codes. Ainsi on proscrirait hautement les entraves à la liberté de la défense personnelle, on rejetterait toute interprétation arbitraire dans la distribution de la justice, on examinerait toujours la question intentionnelle, et le ministère public, fort de sa dignité, ne descendrait jamais à des moyens indignes de lui dans l'accusation.

Le bon sens nous indique qu'une bonne administration de la justice doit reposer sur trois bases.

La première, que les tribunaux ne soient pas plus nombreux que ne l'exigent les besoins du service public.

La seconde, qu'ils soient rapprochés des justiciables, afin que les citoyens puissent aisément y recourir.

La troisième, que, hors les cas où la faculté de l'appel est, par la modicité de l'objet, plutôt une aggravation qu'une ressource, il y ait toujours deux dégrés de juridiction, mais jamais plus de deux.

C'est d'après ces considérations d'une si haute importance que l'assemblée constituante, en renouvelant l'ordre judiciaire, institua un juge de paix par canton, et un tribunal par district.

Je demande pour cet écrit toute l'indulgence des légistes. La jurisprudence m'est étrangère. Je n'envisage ici les questions que sous le point de vue de la politique, de la morale et de la philosophie; ils m'accorderont, j'en suis certain, quelques minutes de bienveillance et d'une attention qui se fixe d'elle-même sur les questions libérales. Ils ne mépriseront point mon léger tribut; je compte sur les bons esprits et les bons Français, il suffit de leur fournir un texte.

Le gouvernement n'y verra pas un système.

de dénigrement , qui ne s'accorde ni avec mes principes ni avec mon caractère ; il n'y trouvera point une critique passionnée de ses actes, mais un désir sincère de voir, dans ses intérêts et dans ceux de la nation , l'ordre politique se coordonner avec les principes constitutionnels.

Le droit est fondé sur la justice. La société a droit à une réparation ; elle ne peut l'obtenir qu'autant qu'elle est offensée, et pour savoir si elle est offensée, il faut qu'elle le manifeste ou le fasse manifester, au nom du souverain, par des personnes capables de répandre la lumière sur le délit, c'est à dire par un tribunal. D'un autre côté l'acusé doit avoir la faculté de récuser ses juges ; il faut que l'opinion de ceux - ci soit *unanime*, car sans cela il s'ensuit que dans un jugement rendu, par exemple, à la pluralité de sept contre cinq , l'accusé se trouve condamné par deux hommes ; mais direz-vous on ne condamnera personne? dites plutôt qu'on ne condamnera aucun innocent.

Plus le droit de juger est formidable, plus le législateur doit mettre le juge dans l'impuissance d'errér. On me dira que le simulacre de juri que nous possédons y pourvoit; oui, jusqu'à un certain point dans les matières criminelles; mais il n'en est pas de même de nos tribunaux civils et correctionnels.

Trois juges prononcent seuls sur l'honneur, la fortune, et la liberté des citoyens ; cependant l'honneur, la liberté, la fortune, ne sont pas moins précieux que la vie. Nous n'avons jamais fait de nos institutions qu'une marqueterie ; il est tems de les mouler en bronze. Dans le sens rigoureux, les tribunaux correctionnels sans juri sont des tribunaux d'exception.

Je ne suis pas de l'avis de ceux qui préfèrent la logique des tribunaux à la conscience du juri. Il y a dans le civil et le correctionnel des affaires où le *fait* se distingue aisément du *droit;* le plus souvent le droit et le fait sont confondus; souvent encore le juge a seulement à prononcer sur le point de droit. En admettant le juri au civil et au correctionnel, la ligne de démarcation serait fort simple; on ferait le rapport aux jurés, et les juges sanctionneraient leur jugement.

Je sais quelles objections on va me faire, objections éternelles, sans cesse reproduites, parce que la doctrine en est favorable au despotisme. L'application du juri au civil et au correctionnel, dira-t-on, entraîne pour lui la nécessité de distinguer le fait et le droit; tous les actes de la société civile réunissent nécessairement l'un et l'autre, donc les séparer ce serait exiger que le maçon séparât la pierre du ciment. On disait cela il y a vingt ans

avec quelque apparence de raison ; mais les temps ne
sont plus les mêmes : aujourd'hui que nous possédons un Code civil , le juri serait praticable dans
cette partie de l'ordre judiciaire comme il l'est au
criminel.

Si un tel ordre de choses existait, on verrait peu
de magistrats et de fonctionnaires publics donner le scandale d'une conduite illégale ; on n'en
verrait point, méconnaissant le caractère sacré que
leur imprime la loi, s'avilir jusqu'aux voies de fait,
et traiter leurs concitoyens comme les serfs de
l'Ukraine ; enfin les opprimés n'auraient point à
redouter qu'une influence puissante s'interposât
entre eux et la justice. Les temps où l'on obtenait
son droit par les *jugemens de Dieu* ne seraient-ils
pas préférables à celui où des agens du pouvoir
pourraient dire à un citoyen : « *La loi n'est faite*
» *qu'à notre profit , tu n'obtiendras justice*
» *qu'autant que nous voudrons bien te le per-*
» *mettre.* »

Un pouvoir judiciaire, fondé sur une législation
née au sein des révolutions, et sous l'empire du régime absolu, doit porter l'empreinte de son origine, et ne peut point convenir à un pays qui
aspire à la liberté constitutionnelle. Mais si, outre
ces défauts, cette législation était interprétée, dé-
naturée, torturée selon le caprice du magistrat,

la position de ce pays serait véritablement critique.

On a vu des généraux, investis d'un pouvoir dic-
tatorial, exercer le droit de vie et de mort dans
l'étendue de leur commandement; ordonner de
raser les maisons de ceux qui donneraient asile aux
coupables.... Porter la hache et la torche sur les édi-
fices !..... Xercès n'était pas plus insensé lorsqu'il
écrivait au mont *Athos* ou qu'il faisait fouetter la
mer. On a vu d'autres fonctionnaires frapper de
contributions leurs administrés, selon leur bon
plaisir ; d'autres violer le domicile, imposer des
peines afflictives ou fiscales. Heureusement ces
temps malheureux sont déjà loin de nous; mais
qui répondra de l'avenir? Comment trouverons-
nous des garanties dans les lois contre les hommes, et dans les hommes pour l'exécution des
lois ? Par la réforme du pouvoir judiciaire. C'est
cette réforme qu'il faut appeler de tous nos vœux.

Les soins du gouvernement, qui dans ses travaux
ne s'occupe pas seulement du présent, mais qui
songe aussi à la postérité, ne seront sans doute pas
inutiles. Le temps des épreuves est passé, celui
des jouissances est venu ; on nous laissera peut-être
enfin toucher à ces fruits défendus de la Charte,
la session qui s'ouvre comblera nos vœux, et les députés de la nation seront tous dignes de leur mandat

Je voudrais pouvoir défendre la liberté publique sans parler des organes de la loi; je voudrais pouvoir distinguer les choses des hommes, mais dans l'ordre judiciaire il n'est pas possible de les séparer. On ne peut se dissimuler qu'il y a des magistrats opposés aux réformes désirées par la plus saine partie de la nation. Nourris dans le sanctuaire, ils révèrent par une tradition sacramentelle une jurisprudence pratique dont ils supposent les défauts exagérés; ils y sont attachés par un sentiment honorable en lui-même, celui du bon ordre : c'est ce qui leur rend chères des doctrines qu'ils ont souvent adoucies par leur indulgence. Ces hommes-là ne sont point à craindre, ils finissent par comprendre l'opinion de leur siècle et par s'enrôler sous ses drapeaux. Ce qu'il faut redouter c'est la passion, l'esprit de parti, l'amour-propre, la médiocrité, la routine, toujours prêts à s'élever contre les hautes pensées qui appartiennent à la civilisation. Les hommes qu'aveuglent de telles préventions sourient avec pitié au seul mot de réforme; ils opposent l'usage à l'équité, et ne voient pas que la plupart des erreurs de l'autorité sont enfans des préjugés.

La condamnation d'un seul innocent est un plus grand malheur que l'absolution de vingt coupables; niez cette maxime sainte et je déchire mon livre.

Les lois ne sont bonnes que quand elles nous forcent d'être justes et humains ; elles ne sont pas
faites pour donner de la besogne au bourreau mais
pour rendre son ministère inutile. Favorisez, exci-
tez les sentimens religieux, occupez-vous sérieusement du bonheur de l'espèce humaine, éclairez
les ignorans, soutenez les faibles ; faites que le méchant trouve quelque intérêt à être vertueux et
sage ; réprimez le luxe corrupteur, ôtez tout prétexte à la paresse, honorez le talent, flétrissez l'intrigue, peut-être que les tribunaux seront déserts.
Dracon, ce législateur sanguinaire, punissait tous
les crimes par la mort, il lui en aurait moins coûté
pour faire des heureux que pour faire des victimes,
et il n'y aurait pas eu tant de brigands dans l'At-
tique.

Il me semble que l'esprit judiciaire n'a pas res-
senti la grande impulsion donnée par la révolution
à toutes les idées. Les détours du palais ne sont
guère moins obscurs qu'autrefois, même quantité
de livres, de légistes, de praticiens, d'avoués,
d'huissiers, de recors. Je sais bien que chez une
grande nation, riche par son sol, son activité,
son industrie, où l'excès de la civilisation multiplie
tous les ressorts qui agitent les intérêts, il est difficile que l'ordre judiciaire ne soit pas une véritable
science ; mais l'ambiguité, l'obscurité de la législa-

tion y est aussi pour beaucoup; il n'y a pas jusqu'à la langue des procès, qui ne soit interdite aux profanes. On trouve cent cinquante lois romaines qui portent sur la *définition des mots*, et trois mille sur *l'interprétation des phrases*; on en trouverait beaucoup plus chez nous.

La loi ne saurait jamais être assez laconique, assez précise, assez claire, et quand il serait possible qu'elle eût ces perfections, elle pourrait s'altérer d'elle-même; car les mots changent de valeur avec le temps; c'est pourquoi je voudrais qu'il y eût une langue sacrée à l'usage des lois, et que l'étude de cette langue fît partie de l'éducation nationale. Avec cette espèce de *Samskrit*, nous aurions probablement une législation plus simplifiée, nos poudreux répertoires de jurisprudence n'existeraient point comme des moyens de chicane et de discorde.

Peut-être me suis-je avancé trop loin dans le chemin des hypothèses; je m'arrête devant les progrès de l'instruction nationale, et j'établis que, même dans l'état actuel de notre jurisprudence, dans celui de nos mœurs, on doit se promettre de grandes facilités, de grands avantages de l'introduction du jury en matière civile et correctionnelle.

Partout, malgré la complication des codes, malgré la science fatale qui tend à les obscurcir, les *faits* sont des *faits*. S'agit-il d'une vente? On veut savoir quelle est *sa nature*; voilà qui appartient à la loi et aux juges. *N'avez-vous pas vendu?* Voilà qui appartient aux jurés. La raison, le bon sens ne sauraient être la propriété exclusive d'hommes qui portent une certaine robe, ils sont communs à toute l'espèce. D'ailleurs les juges, dans l'ordre actuel des choses, ne sont guère que des jurés; ils jugent comme le ferait un juri peu instruit, sur des lumières qui ne sont point à eux, et qu'ils ont recueillies dans les rapports des avocats.

Comment les justices de paix sont-elles si éminemmment utiles? C'est que leur marche est simple, expéditive, exempte de frais; c'est que l'équité naturelle les dirige plutôt que les subtilités pointilleuses de l'art de juger. Tout homme de bien, ami de l'ordre et des lois, ayant l'expérience des mœurs, des habitudes et du caractère des habitans dans son canton, a par cela seul toutes les connaissances nécessaires pour être juge.

Le pouvoir judiciaire est distinct, par sa nature, de tous les autres pouvoirs; on citera la prérogative royale, j'en appellerai à la raison; elle dit: toutes les garanties que le peuple peut obtenir pour ses libertés sont bonnes. Voyez les administrations municipales, pourquoi ont-elles été, et sont-elles encore si nulles pour le bien des citoyens? C'est qu'elles doivent leur existence au pouvoir exécutif, et qu'il les révoque quand bon lui semble.

On dira que nous tomberions dans la démocratie. Il me semble qu'on ne tombe dans la démocratie que quand le peuple a seul l'initiative des lois ; mais sous tous les gouvernemens (même sous le despotisme) le pouvoir exécutif peut être divisé jusqu'à un certain point. S'il en fallait une preuve récente, je citerais la loi sur l'avancement dans l'armée, qui dans tous les tems avait appartenu à la prérogative royale, et que, par une concession vraiment libérale, le monarque a rendu populaire.

« Les républiques en un certain sens sont mo-
» narchiques, dit Mirabeau, et les monarchies en
» un certain sens sont républiques ; il n'y a de
» mauvais gouvernemens que deux gouvernemens,
» c'est le despotisme et l'anarchie, parce que c'est
» l'absence de tout gouvernement. »

§ IV.

DE LA JUSTICE CRIMINELLE.

Nous avons de M. Bérenger un excellent livre sur la justice criminelle, où il traite à fond et scientifiquement de toutes les questions de droit et de

jurisprudence. D'ailleurs la matière n'est pas neuve.
Je n'ai pu ni dû l'envisager sous les mêmes points
de vue que ce légiste; chacun son métier. J'ai déjà
dit sous quels nouveaux rapports je la traitais.

Les Romains, comme tous les peuples dignes
de la liberté, avaient aperçu la liaison étroite qui
existe entre les principes du gouvernement et ceux
de la législation criminelle; ils avaient senti quelle
puissance terrible donnait dans l'ordre politique
le droit de prononcer sur l'innocence et la vie
des hommes. Le juge ne fut chez eux que l'organe, c'est à dire l'applicateur de la loi.

Les jurés n'étaient point élus au moment même
pour prononcer sur quelques crimes. Au commencement de l'année on nommait 450 citoyens
qui devaient en remplir les fonctions jusqu'à l'année suivante. Sur ce nombre le sort en désignait
cent pour prononcer sur telle ou telle accusation,
et sur les cent l'accusé pouvait en récuser cinquante.

Les juges criminels étaient différens des juges
civils, et les juges des crimes publics différens
de ceux des délits privés.

Les délits publics se jugeaient par des commissaires; dans les beaux jours de la république,
la commission expirait avec le jugement du crime;
quelquefois on nommait un dictateur pour juger

sans appel une affaire pendante devant les juges ordinaires.

Enfin quelques professions, quelques corporations eurent dans la suite un juge particulier. Le pontife jugeait les prêtres et les vestales; le guerrier n'était jugé que par des guerriers, pourvu que le délit eût trait à sa profession.

Sous les empereurs, cet ordre de choses s'altéra promptement. Auguste accrut le nombre de certaines classes de juges, créa des commissions extraordinaires, et permit d'évoquer à l'autorité suprême, inventions du despotisme chez les anciens, dont les modernes ont fait ensuite leur profit pour soustraire les coupables à leurs juges naturels, et livrer l'innocence aux bourreaux.

C'est de là que dérivaient les juridictions spéciales et privilégiées que la révolution détruisit en France, et notamment ces redoutables cours prévôtales qui laissaient à un seul homme le droit de prononcer sans appel sur la vie et la mort des citoyens. Il y avait loin de cette justice criminelle à la loi de Solon, en vertu de laquelle l'aréopage examinait le jugement quand le peuple avait prononcé la mort, et en demandait la révision lorsqu'il était injuste.

L'accusation secrète, les moyens ténébreux, l'appareil menaçant peuvent entrer dans les vues d'un gouvernement absolu, cela tient à sa na-

ture; mais ils sont nuisibles partout où il existe
des hommes qui ont encore une ombre de liberté.

Dans notre ancienne législation criminelle, les
accusateurs et dénonciateurs, inspirés par la haine
ou la vengeance étaient condamnés dans le cas de
faux, aux dépens, dommages et intérêts envers les
accusés, et à plus grande peine s'il y avait lieu. Ces
dispositions furent consacrées de nouveau par notre
jurisprudence moderne, mais elles sont tombées
en désuétude, si on en juge par ce qui s'est passé
dans le procès de Wilfrid-Regnault.

Ce qu'il y avait de pire avant la révolution,
c'est qu'on restait dans une ignorance profonde
sur son dénonciateur; les témoins eux-mêmes ne
savaient point s'ils étaient récusables, ils parta-
geaient l'incertitude des accusés. On ne connaissait
pas quels rapports ce dénonciateur pouvait avoir
avec les témoins, on s'exposait par une seule erreur
à livrer ceux-ci aux remords, le juge à des regrets,
le calomniateur au triomphe, l'accusé à la mort.

Aujourd'hui les formes de la procédure criminelle, quoique de nature à rassurer l'accusé, ne le
garantissent point absolument des subterfuges.
Des *moutons* ont figuré comme témoins dans le
procès de *l'épingle noire.* Nous nous écrierons
avec l'un des jurés de cette affaire, connu par son

noble caractère : (1) « Où donc les communications sociales trouveront - elles un sûr refuge, si le magistrat place lui-même le masque de l'amitié sur le visage du traître, et lui dit : va. » D'ailleurs pourquoi le pouvoir des juges d'instruction ne serait-il pas déterminé d'une manière positive, surtout à l'égard de la faculté qu'ils ont de faire arrêter et détenir les citoyens? Pourquoi les procureurs du Roi ne seraient-ils pas nommés à vie? Il n'y a que ce moyen de garantir leur indépendance.

La législation criminelle devrait suivre la marche des siècles; elle devrait se modifier comme eux pour être en harmonie avec les mœurs. L'expérience rend tous les jours cette vérité plus sensible. Quelles imperfections ne doit-il pas exister dans nos codes, où l'omission d'une formalité insignifiante protége les assassins de Fualdès en cassation, contre leur condamnation, tandis que des motifs de nullité rationnels, faisant corps avec la loi, par cela seul que ce mot *nullité* n'est pas prononcé dans le texte, ne peuvent motiver l'annulation de l'arrêt rendu contre Wilfrid-Regnault? Cependant un seul témoin avait placé le malheureux sous le glaive, et il avait été déclaré *faux*. On doit

____

(1) M. Aignan, membre de l'Institut. *De la Justice et de la Police*, 1816.

en convenir, notre ancienne jurisprudence, toute couverte de la rouille des temps barbares, aurait offert plus de garantie à l'innocence.

Il n'est pas nécessaire de citer des exemples plus frappans pour démontrer jusqu'à quel point les règles du juste et de l'injuste, celles des droits et de la raison peuvent s'altérer.

Les plus grands défauts des lois criminelles sont les formules vagues qui ouvrent la porte à l'arbitraire. C'est de quoi on se plaignait principalement avant la révolution, car alors le juge pouvait modifier la peine selon la gravité du délit. Dans le nouvel ordre judiciaire, toutes les nuances de *fait*, sont devenues étrangères au juge ; il ne connaît que les questions résolues par le juri, il ouvre la loi et il y trouve la peine précise, son seul devoir est de prononcer cette peine. Conception admirable, principe sublime de la législation romaine auquel on est revenu après deux mille ans.

Mais prenons-y garde, plus la tâche du juge devint aisée, plus celle du législateur fut difficile. Les nuances des crimes sont aussi variées que celles des caractères et des physionomies ; il fallut saisir dans les délits les traits les plus prononcés les plus marquans par lesquels peuvent se manifester les effets de la méchanceté des hommes ; il fallut enfin proportionner la gravité des peines à l'atrocité des crimes; telles sont les grandes difficultés qu'on n'a pas entièrement surmontées.

Depuis que l'Assemblée constituante a institué le nouvel ordre judiciaire, la justice criminelle a fait plusieurs pas rétrogrades, effets nécessaires des troubles politiques et de la nature des divers gouvernemens qui se sont succédés. La Convention créa les *tribunaux révolutionnaires* qui envoyaient à la mort sans autre cérémonie qu'une formule banale et l'identité. Sous le directoire des *commissions militaires*, avec des formes non moins expéditives, prononçaient sur les délits politiques, et envoyaient promptement les accusés à la plaine de Grenelle. Sous le consulat on eut les *tribunaux spéciaux*. Je ne parle point des abus qui ont eu lieu sous l'empire des lois d'exception; il faut imiter la sagesse du gouvernement, en effacer jusqu'au souvenir, et ne les citer qu'autant qu'elles nous offrent des leçons pour nous préserver de l'arbitraire dans l'avenir; d'ailleurs que pourrais-je dire à cet égard de plus frappant que ce qui est rapporté par M. Bérenger, sur les tribunaux extraordinaires.

Il démontre, par des raisonnemens spécieux, que le gouvernement lui-même n'avait pas le droit de créer de pareils tribunaux sans faire injure au Roi et à la Charte.

Remarquons en même temps que les tribunaux

extraordinaires n'ont presque jamais été institués
que pour juger des crimes d'état et qu'on donna
toujours une extension vague et indéfinie à ce mot
de *crime d'état*. Rien n'est plus commode en effet
pour satisfaire les passions.

L'homme qui attente à l'existence du gouvernement commet un crime, mais ce crime est celui de
tous qui doit être le plus clairement déterminé
par la loi, comme le plus dangereux et par consé-
quent le plus punissable.

« Partout où le *crime d'état* sera arbitraire ou
» mal défini, dit Mirabeau, tout sera crime d'état
» aux yeux de la tyrannie et de ses satellites.
» Voyez ces détestables tyrans de Rome, ces
» Auguste, ces Tibère, ces Gratien, ces Valen-
» tinien, ces Arcadius, despotes stupides, es-
» claves dans leurs palais, enfans dans les combats,
» étrangers aux armées, et qui ne gardèrent l'em-
» pire que parce qu'ils le donnèrent tous les jours ;
» ils s'efforcent de mettre entre eux et les peuples
» le rempart de la terreur ; voyez ces visirs in-
» solens, les plus méprisables des hommes, après
» leurs maîtres, multiplier le crime d'état jusqu'à
» l'infini, l'étendre à tout ce qui peut les inquié-
» ter, les gêner, leur déplaire ; s'en servir au gré
» de leurs défiances, de leurs haines, de leurs ca-
» prices. On a compté parmi nous jusqu'à huit

» chefs de crime de *lèse-majesté*, sans tyrannie ou
» démence on n'en saurait compter plus d'un. »
» Montesquieu était du même sentiment. « Rien
» ne rend le crime de *lèse-majesté* plus arbitraire,
» dit-il, que quand des paroles indiscrètes en
» deviennent la matière. Les discours sont si sujets
» à interprétation; il y a tant de différence entre
» l'indiscrétion et la malice, et il y en a si peu
» dans les expressions qu'elles emploient, que la
» loi ne peut guère soumettre les paroles à une
» peine, à moins qu'elle ne déclare expressément
» celles qu'elle y soumet.
» Les paroles ne forment point un corps de
» délit; elles ne restent que dans l'idée. La plupart
» du temps elles ne signifient point par elles-
» mêmes, mais par le ton dont on les dit. Souvent
» en redisant les mêmes paroles on ne rend pas le
» même sens : ce sens dépend de la liaison qu'elles
» ont avec d'autres choses. Quelquefois le silence
» exprime plus que tous les discours : il n'y a rien
» de si équivoque que tout cela. Comment donc
» en faire un crime de lèse-majesté? partout où
» cette loi est établie, non seulement la liberté
» n'est plus, mais son ombre même.
» Les empereurs Théodose et Honorius écri-
» vaient à Ruffin, préfet du prétoire : *Si quel-*
» *qu'un parle mal de notre personne ou de*

» *notre gouvernement, nous ne voulons pas le*
» *punir : s'il a parlé par légèreté, il faut le mé-*
» *priser ; si c'est par folie, il faut le plaindre ;*
» *si c'est une injure, il faut lui pardonner.* »

En effet, le premier devoir du législateur est d'offrir aux peuples des exemples de justice et de modération. Ne mettons point la colère et la vengeance à la place de cette sévérité puissante, calme, imposante qui caractérise la loi ; ne faisons point couler le sang que nous pouvons épargner, dans la crainte de familiariser l'homme avec des scènes cruelles qui altèrent les idées du juste et de l'injuste, et font germer dans son cœur des sentimens féroces. Lorsque le sang ruisselait chaque jour sur nos places publiques, on allait, en chantant, du tribunal à l'échafaud.

Dans les pays véritablement libres, les crimes sont plus rares, parce que les lois sont plus douces et que les droits de l'espèce humaine y sont respectés. Partout où elles sont rigoureuses on peut conclure qu'il n'y a pas de citoyens, mais un maître qui commande à des esclaves et les châtie suivant sa fantaisie.

Je m'arrête ici : j'aurais trop d'avantage sur les partisans du système de l'arbitraire, si j'argumentais de l'état actuel de la législation criminelle ; je ne pourrais d'ailleurs que répéter ce qu'on sait déjà.

Au milieu des ruines de toutes les aristocra-
ties, de tous les despotismes, un petit nombre de
maximes fondamentales sur la liberté publique sont
tout à coup proclamées par un prince éclairé,
médiateur entre le passé et le présent, pourquoi
donc sont-elles illusoires ? c'est ce que chacun se
demande. Législasteurs, députés de la nation,
c'est à vous d'y pourvoir, et les destins de la
liberté seront à jamais fixés.

§ V.

DU JURI EN GÉNÉRAL.

Un fermier, sur sa bonne jument, rencontre son seigneur, qui trouve la jument belle et qui veut s'en emparer; le premier supplie, menace, veut garder sa monture : peine inutile ! le seigneur est le plus fort. Trois hommes paraissent, soutiennent la cause du paysan : pendant cette rixe le cheval s'échappe, la bride reste entre les mains du fermier. Le seigneur culbuté, battu, s'enfuit. Les trois auxiliaires emmènent le cheval...., et le fermier de rire et de rendre grâce à Dieu de ce que son seigneur n'a pu le dépouiller !... — « Pauvre insensé, lui crie un vieillard qui passait, qu'importe si c'est ton seigneur ou tes défenseurs qui te dépouillent, tu n'as plus de cheval ». — « Bon, bon, reprit le fermier, ne voyez-vous pas que je tiens la bride ? »

O Français ! voilà votre histoire. Le cheval, c'est vos droits; la bride, c'est la Charte; le seigneur, c'est le ministère; les auxiliaires, ce sont les faux indépendans , et vous êtes le fermier qui , parce qu'il tient la bride , croit tenir le cheval.

Cette espèce de parabole peut s'appliquer plus particulièrement encore au juri.

Quand on a reconstitué l'ordre judiciaire dissous, quand on a construit sur une table rase un nouvel édifice, on pouvait élever à une hauteur convenable ce rempart de toutes les libertés. C'est parce qu'on ne l'a pas fait que nous ne possédons qu'un simulacre de cette belle institution.

La Charte l'a consacré comme un principe de droit, mais elle n'en a point déterminé les bases.

Nos jurés actuels sont plutôt des commissaires nommés par l'administration, c'est à dire par le pouvoir exécutif, que des hommes préposés par le peuple pour veiller à ses plus chers intérêts.

Le juri tel qu'il existe est souvent pire que l'absence de l'institution elle-même, il faut qu'une loi vienne non pas le réformer, mais le créer parmi nous.

Tout le monde veut le juri, mais tout le monde ne le veut pas de la même manière. Le premier point est décidé, le second ne l'est pas.

Quand les Romains entrèrent dans les Gaules, ils y trouvèrent le régime municipal. Cette forme de gouvernement est un des grands pas que les hommes aient jamais faits vers la perfection sociale.

De là résulta naturellement l'établissement des jurés, puisque les citoyens étaient assesseurs des magistrats.

Plus tard les peuples du Nord ressuscitèrent en

Normandie le jugement par jurés, et Guillaume le Conquérant fit présent de cette institution aux Anglais, après les avoir subjugués.

Hugues Capet, monté sur le trône, se trouvant le chef d'un royaume démembré et presque sans territoire, conçut le noble projet de rendre à la monarchie sa première unité, son premier ensemble. Il fallait dépouiller les grands vassaux, il fallait opposer des corps à des corps, des juges permanens à des ennemis permanens, alors les grands tribunaux furent créés. La méthode des jugemens par jurés ne fut point abolie parce qu'elle fut trouvée mauvaise, elle ne fit que céder à l'empire des circonstances et du temps qui rendaient nécessaire un nouvel ordre de choses. Aujourd'hui la nation n'a plus rien à craindre de semblable, il lui faut le juri dans toute sa plénitude pour soustraire l'homme à l'empire de l'homme.

L'établissement des jurés est une base de l'acte constitutionnel, tout le monde en est d'accord. Mais qui doit nommer les jurés? Les uns disent *le peuple*, les autres le *pouvoir exécutif* : examinons.

On a parlé de l'opinion publique, c'est elle que j'invoque, car l'opinion se forme de ce qu'il y a d'utile pour le peuple.

Le droit de choisir le juri est un droit national,

un droit éternel, inattaquable. Donner aux électeurs la faculté de nommer les députés et leur refuser celle d'élire le juri est une inconséquence. S'il
importe aux citoyens que leurs intérêts soient défendus chaque année dans la session des chambres
il ne leur importe pas moins que leur honneur,
leur vie, leur fortune ne soient jamais compro-
mis. Tout ce qu'on voudrait opposer à ce principe
ne peut être puisé que dans les préjugés, tout ce
qu'on cite pour exemple se rapporte au régime
féodal ou à la monarchie absolue. On citera l'Angleterre où les jurés sont nommés par un officier
du Roi: je répondrai que c'est un abus.

Il n'y a aucune analogie entre l'action du pouvoir exécutif et le choix des jurés; tout ce qui
pourrait venir de lui à cet égard, c'est *l'institution* après le choix des électeurs. La justice ne
cesserait pas pour cela d'émaner du Roi, car dans
l'ordre de choses existant, il ne l'exerce jamais
par lui-même, il la délègue.

En législation le Roi ordonne l'exécution de la
loi qu'il a voulu avec les législateurs, mais il ne
vient à l'idée de personne de faire nommer les
membres du corps législatif par le Roi. *On dit
la justice est rendue au nom du Roi; n'abusons*
point des mots; en Angleterre aussi la justice

se rend au nom du Roi, cela n'empêche pas qu'elle soit très-indépendante.

La main de justice n'est l'emblème de la royauté que parce qu'elle emploie la force de son bras à l'exécution des jugemens rendus par les tribunaux. Montesquieu n'a jamais confondu le pouvoir judiciaire avec le pouvoir exécutif. *Il y a*, dit-il, *trois pouvoirs dans tout gouvernement ; le pouvoir législatif, le pouvoir exécutif et le pouvoir judiciaire. Tout est perdu*, dit-il ailleurs, *quand le prince exerce lui-même la justice.*

L'indépendance absolue du pouvoir judiciaire a toujours été dans nos usages et dans nos mœurs. Jamais le Roi n'a jugé, jamais le conseil n'a jugé, et l'inamovibilité des juges fut imaginée pour qu'ils ne fussent soumis à aucune influence.

§. VI.

DU JURI EN MATIÈRE CIVILE ET CORRECTIONNELLE.

J'AI déjà effleuré cette question au chapitre du pouvoir judiciaire ; j'y reviens pour donner quelques développemens à des idées qui trouvent naturellement leur place ici.

Je ne traiterai point spécialement du juri de la

presse, parce que les délits de cette nature ren-
trent dans la classe de ceux dont la connaissance
est attribuée aux tribunaux correctionnels. Quand
une loi aura précisé les restrictions mises à la liberté d'écrire, quand la doctrine de cette liberté
sera fixée, le juri et les juges n'auront qu'à s'y con-
former. Il serait toutefois à désirer que la connaissance des délits de la presse fût attribuée à des
tribunaux distincts de ceux de police correctionnelle; on a beau dire, il y a de l'inconvenance à
voir un écrivain assis sur le banc des filous et des
filles publiques. A ce compte, Montesquieu et
Jean-Jacques, s'ils existaient encore, pourraient
prendre place entre un escroc et une prostituée.

Il est difficile que la législation de la presse
puisse rester dans l'état où elle se trouve. « *C'est
un labyrinthe*, dit un publiciste, *dont il est
impossible à l'intelligence humaine de démêler
les détours* (1). » Il faut espérer que la loi nouvelle
fixera désormais le sort des auteurs, des libraires
et des imprimeurs.

Revenons au juri : J'ai déjà démontré que son
application aux matières civiles et correctionnel-
les n'empêche pas de distinguer le *fait* et le *droit*,

____

(1) Benjamin Constant ; *Des Élections*, 1818.

et jusqu'à présent c'est l'objection la plus sérieuse qu'on ait mise en avant. On a prétendu que les jurés n'étant point familiarisés avec la jurisprudence ne pourraient faire une distinction si difficile, je réponds qu'on avait raison de craindre cela autrefois, mais que l'obstacle n'existe plus depuis que nous avons un code civil. La jurisprudence anglaise est pour le moins aussi compliquée que la nôtre, et cependant en Angleterre les jurés sont établis au civil. Le despotisme seul pourrait craindre d'étendre cette institution, parce qu'il a besoin pour exister que l'âme du citoyen soit plongée dans un sommeil de mort.

Si on n'admet point les jurés au civil et au correctionnel, je crains bien que tout ce qu'on fera pour la liberté publique ne soit inutile.

Qu'est-ce que des lois ? ce sont des principes, des abstractions qui ne se réalisent que par l'application. Si les lois peuvent être appliquées contre le peuple, le peuple n'est pas libre. Si le juge peut appliquer à la circonstance proposée telle loi au lieu de telle autre, ce juge est lui-même législateur, car sa décision fait autorité; c'est ce qu'on nomme improprement *jurisprudence*.

Nos pères avaient des jurés en toute matière et ne s'en trouvaient pas plus mal : examinons les avantages et les inconvéniens.

Cet établissement affaiblit la puissance du juge comme homme et fortifie celle de la justice. Au moyen du code, il prévient la confusion du *fait* et du *droit*; il établit une égalité parfaite dans l'exercice du pouvoir judiciaire; les citoyens veillant eux-mêmes à leurs intérêts s'attachent à la chose publique. L'établissement du juri au civil est donc une source de patriotisme qui doit raviver l'esprit public, augmenter le respect pour la justice, et disposer chacun à lui soumettre ses actions.

Mais, direz-vous, le code a beau être simple et les citoyens éclairés ; il y a toujours une routine qui exige de l'habitude; en admettant le juri on se privera de cette espèce de talent. Si les jurés changent et que les juges ne changent pas, ces derniers auront un trop grand avantage sur eux; les jugemens des jurés pourront exciter dans la société des rixes, des haines, des vengeances; il faudra du temps aux jurés pour rendre leurs oracles; ce temps, qui aurait été employé par l'industrie, sera perdu pour le commerce et pour les arts; enfin on connaît l'esprit de chicane; la manie de juger n'est pas moins contagieuse; elle rendra les citoyens presque fous.

Je conviens que les inconvéniens et les avantages peuvent être en nombre égal, mais ils diffèrent singulièrement d'importance; les avantages sont

certains parce qu'ils tiennent à la nature de l'institution et à l'existence du code ; les inconvéniens
ne sont que des hypothèses.

Si les jurés n'ont pas l'habitude de juger , ils
peuvent avoir un sens droit et sûr ; c'est un avantage qu'ont les hommes étrangers aux sciences et
à l'étude ; il se rencontre souvent chez les plus
grossiers. S'il fallait choisir entre un juge non
lettré et un juge qui préfère son autorité à tout,
mon choix ne serait pas douteux : l'homme peu
éclairé, mais dont les intentions sont pures, reçoit
la lumière de toutes parts. Il ne peut résulter que
du bien de l'espèce de rivalité qui s'établira entre
les juges et les jurés, parce qu'elle tournera au profit des plaideurs, c'est à dire de la société. Il n'y
aura point de haines, point de vengeances, car ces
sentimens, divisés entre douze jurés qui auront prononcé dans une affaire, n'en atteindront aucun.
La perte du temps pour le commerce et les arts
pouvait être une grande objection quand nous ne
connaissions ni la boussole ni le cap de Bonne-Espé-
rance ; quand nous n'avions ni grandes routes , ni
luxe, ni spectacles ; mais elle n'en est pas une aujourd'hui ; si on rejetait le juri par un pareil
motif, il faudrait donc aussi dispenser les citoyens
de remplir les autres devoirs que leur impose
l'état social ; le temps des hommes est précieux,

sans doute, mais leur indépendance et leur sûreté
ne le sont pas moins. Enfin on ne les verra point
possédés de la manie de juger, car fussent-ils des
Perrin Dandin; ils trouveront leur tâche pesante
et les heures longues.

Je crois avoir tout pesé dans la balance : les
avantages certains et les inconvéniens inévitables.
La somme des avantages est plus grande que celle
des inconvéniens, donc il est utile d'établir le juri
en matière civile et correctionnelle.

Je suis accusé; je suis traduit devant les juges;
ils vont décider de ma liberté et de ma vie : on
dit que dans ce cas on me donnera des jurés. On
m'en refuse au civil parce que, dit-on, cette espèce d'intérêt n'est pas si important; Eh! mes-
sieurs, j'attache autant de prix à l'honneur et à
ma fortune, qu'à la liberté et à la vie. A Constantinople le despotisme jette les hommes dans les cachots et il n'ose attenter aux limites de la propriété.

Je suis profondément convaincu qu'il ne faut
pas être savant pour faire des lois, et encore moins
pour en faire l'application. Quelqu'un demandait
à un magistrat s'il était difficile de juger; rien, ré-
pondit-il, n'est plus aisé quand une question se
présente à un tribunal, il n'en est plus de même
quand les avocats ont parlé.

§. VII.

DU JURI EN MATIÈRE CRIMINELLE.

En matière criminelle la conviction personnelle, de quelques élémens qu'elle se compose, est la seule, l'unique règle à laquelle doivent obéir les jurés. Si des témoignages quels qu'ils soient peuvent les déterminer à croire ou à ne pas croire, il n'y a plus de jurés, autant vaut-il faire une instruction publique et s'en rapporter à des juges.

En réunissant dans un procès criminel la discussion *orale* et l'instruction *écrite*, on a deux moyens au lieu d'un, mais si ces deux moyens se détruisent mutuellement, ou s'énervent l'un par l'autre, alors les deux n'en valent pas un bon. Les détails écrits de la procédure criminelle amènent indubitablement l'indifférence des jurés; ils sont moins attentifs à la déposition à la discussion orale, ils se reposent sur l'écriture.

Voyons les hommes avec leurs imperfections et leurs faiblesses; voyons les institutions dans l'avenir, examinons les causes qui peuvent entraîner leur chute. Quels efforts pénibles n'a-t-on pas faits pour combiner l'instruction écrite et la discussion orale? La raison en est simple, c'est que leur réunion

n'est point naturelle et qu'il y a incompatibilité
entre elles.

Si on avait pris le juri dans sa pureté on n'aurait rien écrit dans la procédure. Les jurisconsultes
qui ont défendu la preuve écrite, et notamment
le célèbre Tronchet, sont convenus que ce n'était
pas elle qui devait déterminer les jurés. Il n'est pas
nécessaire d'écrire de gros volumes sur ce point :
on a allégué contre la preuve orale la multiplicité
des faux témoins ; je crois au contraire qu'ils seraient plus rares. Quand la déposition d'un témoin
est écrite il est très-difficile d'obtenir qu'il se con-
tredise, car il voit la peine qui l'attend ; et il laisse
percer trop tard la vérité que réclamait l'innocence. Avec la preuve orale, le témoin se ravise sur
l'explication que peut lui donner l'accusé, il rentre
en lui-même, il ne craint pas que la preuve de son
faux témoignage à la main on vienne le poursuivre
pour sa déposition antérieure.

Quelle sera, dira-t-on, la ressource de l'innocent
condamné sur une erreur de fait, lorsque les faits
ne seront pas consignés dans des écritures et dé-
posés dans un greffe ? Cette objection peut en
imposer d'abord ; elle tombe lorsqu'on la par-
ticularise, et lorsqu'on en vient à l'application.
En effet, toutes les erreurs de fait ne peuvent pas
donner lieu à la révision, il faut que l'erreur soit

telle que l'innocence de l'accusé sorte évidemment de la vérité découverte. *Le Surque* est condamné à mort pour l'assassinat du courrier de Lyon, mais deux ans après l'exécution du fatal jugement l'assassin se trouve; si le malheureux innocent eût encore existé, c'était l'évidence même; il importait peu que les dépositions aient ou n'aient pas été écrites.

D'ailleurs la révision des procès criminels ne porte plus aujourd'hui que sur les formes, si elles ont été violées on casse le jugement, et on renvoie les prévenus devant une autre cour d'assises; si elles ont été observées, on le maintient. Cette marche n'est pas sans inconvénient, ce qui le prouve c'est la condamnation de l'infortuné que je viens de citer. Les hommes peuvent se tromper, et les jurés sont hommes. Il semble que l'innocence aurait une garantie de plus, si de nouveaux jurés prononçaient en cassation sur la *forme*, et sur le *fond*. Que de regrets on eût épargné ainsi aux jurés qui ont envoyé *Le Surque* à l'échafaud!

Donnons une grande confiance aux jurés, il le faut, mais cherchons en même temps les moyens propres à réparer leurs erreurs. Tirés par le choix du milieu du peuple, puis épurés par le sort, ensuite par les récusations, ils seront assez indépendans pour opérer le bien, sans craindre les remords de leur conscience, dans le cas d'une fatale méprise.

Le pouvoir de prononcer sur la vie d'un homme est le plus terrible de tous les pouvoirs; le peuple qui s'en dépouille ne saurait être libre, le peuple qui le conserve ne saurait être esclave. Dès que nous connaissons le prix de cette institution salutaire ne la rendons pas illusoire, rejetons entièrement le juri ou adoptons-le dans toute sa pureté.

§ VIII.

DU JURI ANGLAIS.

En traitant la question du juri sous les rapports politiques et moraux, il est utile de chercher des termes de comparaison.

Tirons-les d'un peuple insulaire qui a reçu cette institution de nos ancêtres, qui y attache un grand prix, mais qui n'a pas su la conserver non plus dans sa vigueur primitive.

Les jurés en Angleterre sont des personnes nommées par le grand *shérif* qui est l'homme du roi; c'est ici que commence l'abâtardissement. Ces jurés prononcent dans les procès *civils et criminels*, voilà la perfection. Ils doivent être au nombre de douze, et habiter près du lieu où le délit est supposé avoir été commis. Dans les procès criminels, ils informent sur les faits contenus dans la plainte. Les jurés anglais prêtent serment et promettent de juger suivant *le droit et la vérité*, et de faire *un rapport exact d'après les preuves* du procès. Il est de leur devoir de présenter dans un bill les délinquans comme coupables ou comme innocens, c'est une espèce de chambre d'accusation. Alors les juges de paix envoient les premiers en prison, pour être jugés aux assises tenues quatre fois par an dans chaque province; les seconds sont renvoyés absous.

Le juri est de deux espèces, le *grand* et le *petit*. La loi ordonne, quand il y a un délit, que l'accusé soit conduit à l'officier de justice, qui, dans *l'espace de six heures*, lui donne la copie de la plainte ou de l'accusation : disposition admirable qui est exécutée religieusement, et que nous devons envier à l'Angleterre.

Vingt-quatre *grand-jurés* sont alors appelés, ce sont de *francs-tenanciers* payant une certaine imposition. Douze suffisent pour juger s'il y a lieu à l'emprisonnement; ici commence le *petit juré*. Le shérif, officier du roi, fait la liste des citoyens qui composent le petit juré; si cette liste est mauvaise, le greffier en fait une autre; si celle-ci est mauvaise encore, le commis-greffier en fait une nouvelle.

On communique à l'accusé la liste des jurés

afin qu'il puisse connaître s'ils *manquent de connaissances* ou s'ils sont *prévenus contre lui*. Son
sort dépend entièrement de l'intégrité de ces
jurés; il n'y a point d'appel de leur jugement; on a
d'autant plus de confiance en eux, qu'ils doivent
prononcer à *l'unanimité*, et qu'après avoir entendu les dépositions orales des témoins, on les
enferme sans boire ni manger, et qu'on ne leur
fournit pas même de lumière jusqu'à ce qu'ils
soient d'accord pour condamner ou absoudre.

Observons que les tribunaux sont plus nombreux
en Angleterre qu'en France, et qu'on n'y marche
que par formules. Le tribunal qu'on nomme *le
banc du roi* a droit de faire des formules, d'an-
nuler et de faire recommencer le *verdict*; il conserve la loi et réprime les abus.

Le grand vice du juri anglais, c'est que le roi, par
une suite des anciennes coutumes féodales, nomme
les jurés, ce qui est en opposition avec la pureté de
l'institution. Il ne faut donc pas toujours se laisser
éblouir par les éloges donnés à ce juri; on ne saurait disconvenir qu'il ne soit plus parfait que
le nôtre; mais peut-on prendre cela pour un éloge
quand on sait où nous en sommes? Les Anglais
eux-mêmes auraient peut-être déjà porté la hache
de la réforme dans cette partie, s'ils n'avaient un
respect religieux pour des usages consacrés par le
temps.

C'est à l'égard de nos institutions judiciaires surtout, que l'Angleterre se croit en droit de nous
mépriser ; prouvons-lui qu'une nation riche et
généreuse, qu'une nation qui s'instruit chaque
jour davantage sur ses prérogatives constitutionnelles, peut l'égaler sous ce rapport comme sous
tous les autres.

§ IX.

DU JURI TEL QU'IL EXISTE EN FRANCE.

Le Code d'instruction criminelle attribue aujourd'hui aux préfets la formation des listes de
jurés, lorsqu'ils en sont requis par les cours
d'assises. Quel pouvoir énorme accordé à un
homme! Soixante noms sortent ainsi de l'urne
pour condamner et absoudre, pour décider de
la vie et de la mort. Mais que dis-je? les préfets ne peuvent pas connaître moralement toutes
les personnes de leur département, il faut que
ces listes soient faites au hasard, que le choix
en soit abandonné à des subalternes, qui eux-
mêmes n'ont que des notions superficielles sur la
probité ou l'aptitude des citoyens qu'ils appellent
à remplir ce devoir. Ainsi, par un abus qui n'est
pas celui du magistrat, mais de la loi, les fonctions

les plus redoutables de la société sont commises au terrible jeu de la fortune, et la chance la moins défavorable qui puisse en résulter est l'indifférence ou l'impéritie de ceux qu'on appelle à les exercer.

A quels périls n'est point exposée l'innocence dans un tel ordre de choses? Qui nous répondra des passions, des amours-propres, des vengeances qui sortiront de l'urne?.... Des vengeances! Je m'arrête; je ne puis supposer qu'un homme, quelle que soit l'exaltation de ses opinions, ose apporter de pareilles dispositions dans le temple de la justice; je veux croire qu'il en fera le sacrifice à la porte du sanctuaire, et qu'il n'y entrera qu'avec la modération et la rectitude du jugement qu'on est en droit d'attendre; cependant il restera toujours une prévention défavorable contre lui par cela même qu'il a été désigné par un agent du pouvoir.

A côté des abus qui peuvent naître du choix des jurés d'après une pareille base, j'en vois un autre tout aussi grave; c'est un conflit bizarre d'attributions qui confond tous les rapports. Le préfet, qui dresse les listes de jurés, exerce ou délègue en même temps les fonctions d'officier de police judiciaire (art. 10 du Code d'instruction criminelle); il s'ensuit que le même homme qui constate le crime, interroge le prévenu, le livre aux tribunaux et choisit ses juges; une telle cumulation de pouvoirs n'a pas besoin de commentaires. Bien plus, comme la loi admet sur les listes de jurés les employés des administrations jouissant d'un traitement de quatre mille francs, et qu'elle n'exclut pas formellement ceux des préfectures, il peut arriver que celui-là même qui aura fait la liste se trouve au nombre des jurés. C'est par une suite de cette confusion que dans le procès de Monnier on a vu figurer au sein du juri un chef de bureau de la police. Je trouve ce fait consigné dans les observations judicieuses de M. Aignan, membre de l'institut, l'un des jurés dans le procès de *l'Epingle noire*, appendice de celui de Monnier, et dans lequel par un singulier hasard on vit encore siéger ce même chef de bureau parmi le juri.

Si nous passons au mode de récusation, même vague, même imperfection. Les récusations de l'accusé et du procureur-général s'arrêtent lorsqu'il ne reste que douze jurés; l'un et l'autre peuvent les rejeter en nombre égal; par cette raison, si un procureur-général usant largement de son droit récusait les douze jurés acceptés par l'accusé, comme on assure qu'il est arrivé à Lyon, il ne resterait que douze noms qu'il faudrait prendre tels

que le préfet les aurait donnés, et comme on l'a
fort bien observé, la récusation du ministère public, qui pourrait avoir un but, si les jurés étaient
choisis par les électeurs, n'en a aucun dans l'ordre
de choses qui existe, car c'est l'administration qui
détruit ses propres œuvres.

Avançons : pendant les débats de la procédure
autres abus. La communication avec le public est
interdite aux jurés en Angleterre pour qu'ils soient
à l'abri de toute influence étrangère, et qu'ils restent
pour ainsi dire en tête à tête avec leur conscience.
L'art. 353 du Code français interdit également les
relations des jurés avec le public pendant les débats, et jusqu'après leur déclaration. Cependant
aux risques et périls des accusés et de la société
toute entière, on voit le public se mêler aux jurés
pendant les intervalles nécessaires au repos; ils vont
chez eux, suivent leurs affaires, et se livrent aux
plaisirs s'ils le jugent à propos. Quelle confusion
d'idées ! le président des assises a fait son résumé,
les questions sont posées; l'opinion qui doit condamner ou absoudre est formée, et les rapports
des jurés avec le public existent encore, tant il est
vrai que nous n'avons pas les plus légères notions
sur le juri, sur son importance et sur ses obliga-
tions. Nous violons jusqu'à notre serment, car tout
juré promet, en levant la main, de ne communiquer

avec personne jusqu'après sa déclaration. Les sermens sont-ils donc de vaines formules, et la vie des hommes est-elle si peu de chose pour qu'on la place ainsi sur un coup de dés ?

Le législateur ne peut mettre trop de promptitude à réviser les lois, à en réclamer l'exécution pour faire cesser de pareils abus. Le ministère enfin ne peut être trop zélé pour y concourir franchement.

§ X.

DU JURI TEL QU'IL POURRAIT EXISTER.

Je me résume : il pourrait y avoir en France un véritable juri, un juri dans toute sa pureté au civil et au criminel, si les électeurs étaient chargés d'élire les individus qui doivent former les listes, sauf à la loi de circonscrire les classes dans lesquelles on les désignera.

Parmi ces élus l'administration départementale tirerait soixante noms au sort en présence du conseil général, et enfin la réduction postérieure de cette liste à trente-six noms, déférée au président de la cour d'assises, s'opérerait également par le sort. Viendraient ensuite les récusations.

Sortons de l'arbitraire, sortons-en à tout prix ;

les blessures de la loi sont légères, celles du despotisme sont incurables.

J'ai exposé ici très-rapidement quelques idées générales ; je me flatte de l'avoir fait avec franchise et bonne foi, car je n'ai marché qu'appuyé sur les faits. Nous sommes fort éclairés sans doute, nous connaissons tous parfaitement nos droits : ce qui ne serait pas moins utile ce serait de savoir accorder notre conduite avec nos paroles, et de faire en sorte que les choses fussent toujours la conséquence des mots. Il nous faudrait dans la science constitutionnelle un peu moins de théorie et un peu plus de pratique. Dans la patrie de Washington on parle peu des droits de l'homme, mais on les respecte. Déclamateurs insensés, vous vous déchaînez contre le pouvoir, vous avez tort : il n'y a pas de sa faute. Si vous voulez des réformes n'envoyez donc pas au Forum ceux qui disent que tout est au mieux dans le meilleur des mondes.

La confiance dans la sagesse du monarque est un sentiment universel, une garantie de la Charte, sans quoi il faudrait craindre pour son existence chez une nation frivole qui n'a connu depuis son émancipation que la licence et l'esclavage.

§ XI.

DES LOIS PÉNALES DANS LEURS RAPPORTS AVEC LES DROITS DE L'HOMME ET LA MORALE.

La justice a ses droits, l'humanité a les siens.

Le véritable caractère des lois pénales n'est pas de punir les passions, mais de diriger leurs funestes effets au profit de la société ; de montrer à l'homme que son intérêt et son bonheur sont dans la vertu. Ces principes sont ceux de la morale universelle.

L'enseignement mutuel est un moyen plus sûr pour diminuer les crimes que l'appareil des supplices. Répandez les sciences ; éclairez le peuple ; faites en sorte que la misère et l'opulence ne se touchent pas de trop près ; maintenez l'égalité civile et politique : il faudra peu de lois pénales. « *Je n'ai pas ordonné de plus grand supplice,* disait Dracon, *parce que je n'ai rien trouvé au-dessus de la perte de la vie.* » Imprudent législateur ! il bornait ses efforts à frapper et à punir.

Quelle histoire que celle des supplices chez les peuples anciens et modernes ! Dieu nous préserve de tracer ce tableau hideux, mais soulevons un coin du voile, ne fut-ce que pour démontrer combien de nations célèbres ont pris la férocité pour la justice. Je ne parlerai ni du supplice de la croix, dont l'usage en Asie remonte au berceau du monde, ni de ces rivages africains, où après avoir éventré le coupable on arrache et on brûle ses entrailles, ni du Japonais sanguinaire, ni des Juifs, ni des Egyptiens; il n'y a pas cinquante ans que nous étions au niveau de cette barbarie, en faisant briser les os du coupable sous les coups redoublés d'une barre de fer.

La peine du juge prévaricateur chez les Perses est connue : on l'écorchait, on recouvrait de sa peau le siége de son successeur. Plutarque parle d'un supplice horrible : on prenait deux auges semblables, on étendait le condamné dans une d'elles, on disposait l'autre par-dessus, de manière que tout le corps fût pris, excepté la tête, les mains et les pieds. En cet état, le patient recevait une nourriture qu'il ne pouvait refuser, sans avoir les yeux percés; on l'enduisait de miel, et placé au soleil, sa tête était dévorée par les mouches. Forcé d'ailleurs de satisfaire dans cette position aux besoins de la nature, la putridité minait ses entrailles, lui assurant une mort aussi lente qu'épouvantable.

Vous frémissez lecteur ! Voilà pourtant les peines inventées chez un peuple où les arts et la civilisation étaient portés au plus haut degré de perfection.

Le cœur se soulève au récit des supplices usités en Angleterre, où des lois barbares, quoique tombées dans l'oubli, ne sont point encore formellement abrogées. L'histoire de l'homme est un océan d'erreurs, sur lequel on voit surnager çà et là quelques vérités méconnues. Législateurs, cessez de croire qu'il faut du sang pour apaiser du sang, l'expérience vous a démontré que tant de rigueur est inutile; les lumières, la civilisation la repoussent; l'humanité s'y oppose comme la nature.

Que toute loi pénale soit humaine et conforme à la dignité de l'homme, voilà ce que la raison indique et ce que la justice exige. Une peine atroce pour un délit léger assure l'impunité, car la partie civile, le ministère public, les témoins, les jurés, tout conspire en faveur de l'accusé; on est d'autant plus indulgent que la loi est plus inhumaine.

Les peines, quoique modérées, peuvent être efficaces si la proportion est juste; c'est le principal caractère d'un bon code pénal.

Notre code fait déjà une juste distinction entre les crimes qui sont l'effet de la préméditation et ceux produits par l'impulsion subite d'une passion violente.

Qu'une grande distance sépare la peine des

grands crimes d'avec les autres ; le méchant médite,
il ne parcourt pas à la fois tous les degrés de l'é-
chelle ; il s'arrête là où commence pour lui un plus
grand danger. Si la loi franchit tous les degrés de
la peine, le coupable franchira aussi tous les degrés
du crime.

C'est une grande erreur de notre code, que de
punir de la même peine le malheureux qui fa-
brique quelques pièces de monnaie, et l'assassin
qui, brisant les clôtures, s'introduit dans le domicile du citoyen pour y commettre le meurtre.

A la juste proportion qui détermine la gravité
de cette peine, en raison de l'atrocité du crime,
joignons-y des rapports exacts entre la nature du
délit et celle de la punition. Déjà elle est égale
pour tous ; ce principe doit être maintenu parce
qu'il est inséparable des droits de l'homme, de l'é-
galité civile devant la loi, base du régime constitutionnel ; mais il est un autre caractère que n'a
point le Code pénal, et qu'il pourrait avoir, ce serait en punissant le coupable, de le rendre meilleur.

Voyons par quels moyens la loi et les peines
qu'elle inflige pourraient atteindre un si noble but ;
ce développement complétera la théorie que nous
ne pouvons exposer ici que d'une manière rapide.

La source la plus ordinaire des crimes, c'est le

besoin, enfant de l'oisiveté. Le système des peines doit donc se fonder sur le travail; mais prenons-y garde, le but est manqué dès que nous en faisons un tourment pour le condamné, car nous augmentons l'aversion naturelle qu'il avait déjà pour lui. Tâchons qu'il le voie sous un autre aspect, et nous y parviendrons s'il peut y être porté par la nécessité ou par la conviction. Que le travail des condamnés soit pour eux comme un passage à un état plus heureux, qu'ils y trouvent des adoucissemens proportionnés à leur zèle : en leur présentant la peine sous cette enveloppe consolatrice, vous leur en inspirerez l'habitude et le besoin, et certes, vous les aurez rendus meilleurs, si vous les avez rendus laborieux.

On ne gagnerait pas moins sous le rapport moral, si la rigueur de la peine était décroissante par le temps, en sorte que son intensité portant sur les premières années, s'adoucisse au milieu de sa durée, et devienne moins sévère à la fin. Ce principe est humain, il est régénérateur; la première des consolations, le plus grand des encouragemens vers le bien, c'est l'espérance qui se montre dans l'avenir. Tempérer, relever insensiblement l'être moral du condamné, pénétrer son âme d'affections douces avant la fin de sa punition, c'est le rendre à lui-même et à la société.

Hélas on ne s'occupe pas de tout cela dans les bagnes; ces nuances sont encore inconnues à notre Code; il plonge à jamais le malheureux dans la fange de ce lieu d'expiation. Une législation barbare imprime aux peines le caractère de *perpétuité;* elle voue le coupable au désespoir..... au désespoir ! la plus terrible des punitions, la plus contraire à la morale, la plus fatale à la société, puisqu'elle enchaîne irrévocablement l'infortuné à son crime.

La marque présente une grande question, mais les raisons qu'on a données pour soutenir ses avantages sont plus brillantes que solides. On a été jusqu'à soutenir qu'un signe *extérieur* et apparent devait signaler le coupable. Les conséquences de cette opinion seraient funestes à la société : en horreur à tous les hommes portant dans tous les lieux la honte, la défiance et l'effroi, nous serions environnés d'une nouvelle race de *Parias,* qui à jamais dégradés fuiraient dans les bois et les cavernes pour s'y livrer au meurtre et au brigandage. Mais que dis-je? cette race impie, pour être invisible, existe-t-elle moins? Le Code, qui sans flétrir le front de l'homme par l'affreux cachet du crime, laisse sur sa personne une marque cachée, ineffaçable, ne disperse-t-il pas cette race au milieu de nous plus dangereuse et plus menaçante? Ah! rejetons ces empreintes corporelles incom=

patibles avec la peine temporaire, en opposition avec la morale; ne perpétuons pas le supplice après le terme fixé pour sa durée. La marque laisse à toujours au condamné la conscience de son opprobre; il n'y a plus de retour possible à la vertu; dégradé, flétri dans son être physique, vous le mettez dans l'impossibilité de soulever le poids de la honte pour essayer de regagner l'estime des hommes.

Je ne dirai qu'un mot sur la mutilation avant la mort. Cette peine réintroduite par le déspotisme dans notre Code doit en être effacée. Toutes ces horreurs légales sont en opposition avec les lumières du siècle, avec l'opinion, avec le bon sens. Ces spectacles cruels dégradent l'homme à ses propres yeux, ils donnent le caractère de la vengeance à la loi qui doit être impassible; c'est la législation des Visigoths, la plus horrible inconséquence, et une barbare inutilité.

§ XII.

DES LOIS PÉNALES CHEZ LES BARBARES.

LE premier des biens sans lequel tous les autres ne sont rien, la liberté, fut, après l'invasion des peuples du nord, inconnue à une grande partie du genre humain. Des peuples polis et passionnés pour les arts, subjugués par des nations errantes et farouches, tombèrent dans la servitude. L'usage l'étendit pendant la guerre, le droit civil et le droit public la consacrèrent pendant la paix.

Plusieurs siècles s'écoulèrent avant que le christianisme ait pu rompre ces fers honteux qui dégradaient l'esclave, et faisaient l'opprobre du maître. Le sang des Gaulois fut moins précieux que celui de leurs vainqueurs, et la composition pour le meurtre d'un Franc, double de la composition pour le sang de son esclave. Suivant la loi ripuaire si le Gaulois tue un Franc il paie deux cents sous; si c'est un Bourguignon, un Allemand, un Frison, un Bavarois, un Saxon, cent soixante; si c'est un Romain, cent; (1) voilà les différences marquées entre les nations.

Il y avait alors trois sources d'esclavage; la guerre ou le droit du plus fort, la vente et la naissance. Permis aux maîtres de maltraiter leurs serfs

______

(1) Ces sous étaient d'or fin, et les deniers d'argent fin. Le denier pesait vingt-un grains. Sous la première race on se servait en France du *sou*, du *demi sou*, et du *tiers de sou* en usage chez les Romains : Le sou d'or valait communément quarante deniers. Sous la seconde race, la valeur de ce sou a beaucoup varié, on peut consulter à cet égard *Leblanc*, *Traité historique des monnaies de France*, etc.

et de les faire mourir sous les coups, pourvu qu'ils ne se servissent que des instrumens affectés aux esclaves. Ils n'étaient réputés homicides que quand ils avaient ordonné de les tuer, ou qu'ils leur avaient eux-mêmes ôté la vie avec le fer, à coups de bâton ou de flèches. Heureusement les églises offraient un asile à tous les malheureux contre l'oppression.

Le créancier ne pouvait, sous peine de mort, s'emparer des esclaves de son débiteur, mais ce n'était point par égard pour ceux-ci; en les traitant de la sorte on ne faisait que les mettre au niveau des bêtes de somme, car la loi prenant *l'esclave* et le *bœuf* sous sa protection, donnait une raison commune à tous deux, la nécessité de cultiver la terre.

Les lois pénales, comme on le voit, étaient aussi injustes, aussi monstrueuses que le pouvoir de ceux qui les avaient établies. Si un serf dénonçait un crime de rapt il obtenait sa liberté des Latins, s'il était déjà Latin il devenait Romain. Convaincu lui-même de ce délit on le condamnait au feu, tandis que son maître, dans le même cas, était décapité.

A cette époque, la faiblesse, la misère et l'indigence du peuple le mettaient à la discrétion des grands et des riches; toute sa ressource était de devenir un meuble sous la main de ses tyrans.

« Les pauvres, dit Salvien, sont opprimés, les
» veuves gémissent, les orphelins sont foulés aux
» pieds, et plusieurs se mettent à la discrétion
» des Barbares, aimant mieux être esclaves que
» de se jeter dans les bras des riches. » C'est
pourquoi les servitions étaient plus générales en
France que dans les autres pays, et comme les
conditions du servage n'étaient pas toujours les
mêmes, il y avait des tarifs de composition pour
les crimes, dont l'échelle était graduée en raison
de la bassesse de l'esclave, c'est à dire de sa pauvreté.

Si un *ingénu* tue un *ingénu* ripuaire, il paie
deux cents sous d'or; si quelqu'un tue un serf, il
paie trente-six sous. Le meurtre d'un *Franc* coûte
deux cents sous; si le serf a tué un serf, il paie
trente-six sous.

La loi salique punissait le vol des esclaves par
le fouet, la prison, ou par une peine encore plus
forte.

Le maître était libre de payer pour son esclave
ou de le livrer à la justice.

Si un serf tue un ingénu, l'homicide *est livré
aux parens du mort* pour moitié de la composition; et le maître du serf paie l'autre moitié.

Cent sous, est la composition fixée pour le
meurtre du Romain *possesseur* : quarante-cinq
pour celui du Romain *tributaire*.

Le serf accusé d'un vol pour lequel l'ingénu aurait payé quinze ou trente-cinq sous, recevait cent vingt coups de fouet, si son maître ne le rachetait pas pour trois sous. S'il n'avoue rien après avoir souffert de *cruelles tortures* (continue la loi), celui qui le fait appliquer à la question doit le garder, et le maître recevra le prix de son esclave. S'il est accusé d'un grand crime pour lequel un ingénu aurait payé quarante-cinq sous, et qu'il l'avoue, il sera condamné à mort. Si le maître ne représente pas son esclave accusé d'un crime, il paiera comme pour un ingénu. La femme esclave accusée d'un crime recevra deux cent quarante coups de fouet, à moins que son maître ne paie deux cent quarante deniers.

La loi des Bourguignons condamnait le voleur d'un oiseau de proie à souffrir que cet oiseau lui mangeât en public six onces de chair sur le corps.

Les compositions pour un tué étaient au profit des parens qui étaient chargés de poursuivre la vengeance du mort. Le Visigoth offensé avait le droit de punir par lui-même ou par les siens; on lui remettait le coupable pour faire ce qu'il voulait de sa personne et de ses biens. Chez les nations sauvages et barbares on ne connaît d'autre punition que la vengeance personnelle, mais lorsque la civilisation les éclaire, la haine vient se briser au pied du trône et des lois.

L'abus effrayant de la vengeance personnelle
a disparu ; ainsi dans nos mœurs actuelles la
vengeance et la haine de l'offensé ne sauraient être
le caractère de la loi. En marquant le *faussaire*
des initiales de son crime, en coupant le poing
du *parricide* , notre Code ressemble assez à
celui des Egyptiens qui arrachaient la langue au
blasphémateur, et des colonies où l'on coupait
les jarrets du nègre fugitif. Ce sont des traces de
notre ancienne barbarie que le despotisme a trouvé
bon de ressusciter de temps en temps. L'excessive
sévérité des châtimens est un des caractères qui lui
sont propres ; en adoptant des supplices connus il
sait lui prêter une férocité nouvelle. Caligula fait
fouetter des acteurs pour jouir de la beauté de leur
voix dans les gémissemens ; d'autres tyrans font
battre avec des chaînes au lieu de verges, et quand
ils sont fatigués de l'odeur infecte qu'exhalent les
plaies du malheureux, ils ordonnent qu'on l'égorge.

La barbarie qui souillait nos codes, et contre
laquelle on se récriait avec raison, nous était
venue en partie des lois romaines sur les esclaves.
Un peuple si jaloux de la liberté les méprisait,
et sa législation se déshonora au point de con-
fondre, pour le crime et pour la peine, l'assassin du
quadrupède et celui d'un esclave. Pourquoi faut-il
avoir à reprocher également cette erreur au pre-

mier philosophe de la Grèce? Le divin Platon voue au châtiment des parricides l'esclave qui, en se défendant, a le malheur de tuer un homme libre qui l'attaque; le châtiment des parricides !.... quelle paternité grands Dieux, que celle de l'oppression et de la servitude.

§. XIII.

DES PEINES PÉCUNIAIRES OU AMENDES.

J'AI fait voir, dans le chapitre précédent, que longtemps parmi nous on expia le délit par les compositions. Nous avons un tarif de Childebert, dressé à la fin du sixième siècle, qui fixe le prix de chaque tête. Deux cents sous pour un homme libre; trente-six sous pour l'esclave, cent pour l'homme du roi; deux cents pour la jeune fille; six cents pour la femme mère, etc.

La confiscation, abolie tout récemment par la Charte, était un monument de cette barbarie des siècles féodaux; ce n'est qu'en 1814 qu'elle a disparu de nos codes; que de temps il faut pour se décrasser!

Aujourd'hui on inflige encore l'amende pécuniaire; elle n'est point infamante comme autrefois, mais c'est une véritable confiscation, surtout quand elle frappe sur le pauvre.

La législation anglaise prononce l'amende, mais elle laisse aux jurés le soin d'en fixer la valeur, et de la proportionner aux facultés du coupable. Chez nous les amendes obligent souvent le fermier d'abandonner son champ, le négociant son commerce, l'artisan son atelier. Si leur avoir ne suffit pas, ils gémissent dans les prisons, ils deviennent les esclaves du fisc. On a vu récemment le scandale d'une souscription pour racheter un écrivain qui n'avait pas le moyen de se libérer, et on a porté son obole aux collecteurs, comme on la portait jadis aux pères de la miséricorde pour la rédemption des captifs en Alger. Si je ne me trompe, c'est l'ancienne loi des Francs dans toute sa vigueur, en vertu de laquelle le débiteur devenait l'esclave de son créancier.

La substance du citoyen ne saurait lui être ravie par la loi même qui doit le protéger ; la loi ne saurait attenter à la propriété qui est la base de l'état social. L'amende sous ce point de vue est aussi injuste qu'immorale ; mais combien cette peine n'est-elle pas plus insupportable encore, si on l'abandonne à l'arbitraire des hommes, si elle est exorbitante, si elle excède le caractère de réparation qui lui est particulier, si enfin elle ruine l'individu qu'elle frappe, et le voue avec sa famille à l'indigence ?

L'arbitraire avec lequel on a si souvent abusé des amendes, disparaîtrait entièrement si on possédait le juri en matière civile et correctionnelle. Ce genre de confiscation ne prendrait alors un caractère légal qu'à l'égard du péculat, des concussions et des vols de deniers publics ou privés, seuls délits qui devraient en être passibles aux yeux de la loi.

L'amende pécuniaire infligée indistinctement au riche et au pauvre devient cruelle par l'inégalité; car du moment où la peine n'a pas le même caractère pour l'homme opulent et l'ouvrier utile, riche de sa seule industrie, elle manque son but.

Tout le monde connaît l'histoire de ce Romain qui se promenait suivi d'un esclave chargé de payer les soufflets qu'il distribuait : la loi avait fixé vingt-cinq sous ; avec de l'or il se donnait le plaisir de la violer impunément.

§ XIV.

RAPPORTS DES PEINES AVEC LES MOEURS.

Une heureuse révolution s'est opérée dans nos mœurs ; l'infamie ne frappe plus que le coupable : le père ne lègue plus l'opprobre à ses enfans ; la honte des enfans ne tombe pas sur le père. Les fautes sont personnelles, c'est un bienfait des lumières, une conquête de la civilisation.

On a vu les lois se briser contre d'antiques préjugés, le duel en est la preuve : gardons-nous cependant de les croire tout à fait impuissantes sur les mœurs. Si la législation ne détruit pas les passions, elle peut les diriger doucement vers le bien lorsqu'elle est en harmonie avec les intérêts, les habitudes et le climat.

Chez les peuples guerriers la conquête est un droit, chez les peuples agricoles la terre est sacrée, chez les peuples marchands l'avarice est vertu. Athènes est fière de ses arts et de son urbanité; Lacédémone, de sa rudesse et de son brouet. Le Parthe, accoutumé à une vie dure, active, laborieuse, avait une législation plus sévère que le Sybarithe, énervé par les jouissances du luxe et des arts.

La morale publique se compose des vertus privées; il n'y a point de débauche où la pudeur est honorée; il n'y a point de vols où il n'y a ni pauvres ni mendians. Les lois pénales suivent donc plus ou moins les variations qui s'introduisent à cet égard dans l'état social; par cette raison elles devraient se modifier comme lui; c'est pourquoi une révision serait nécessaire tous les vingt ou trente ans. On serait surpris, après une certaine période, de trouver des peines trop sévères à l'égard de quelques délits, et d'autres trop légères.

« Mutat enim mundi naturam totius ætas. »

A Rome on ne porta aucune loi contre la prostitution dans les premiers siècles de son existence, parce que ce vice y était inconnu; il n'en fut pas de même sous les empereurs, la multiplication des lois pénales, leur sévérité furent, comme chez nous, le signe d'une dégradation morale. Partout où les riches font seuls les lois, ils les font à leur profit. Rejeter le privilége de la naissance et admettre celui de la richesse, c'est tomber de Carybde en Scylla, c'est mettre la loi en contradiction avec la morale. Il y a tel pays où la sottise enrichie peut siéger au *Forum*, mais où la probité, la science, les talens en sont exclus s'ils ne sont favorisés de la fortune; l'auteur d'*Emile* et du *Contrat Social* y verrait se fermer devant lui la tribune nationale; un général qui aurait sauvé la patrie y reprendrait la charrue comme Cincinnatus, et son barbier deviendrait législateur. Ce système est funeste, car si vous mettez l'or au-dessus de la vertu que ne fera-t-on pas pour s'en procurer? Il est clair que le voleur n'est pas puni parce qu'il a commis une action infâme, mais parce qu'il a

manqué son coup, vous placez la chaise curule à
côté du tabouret.

Les lois ne font pas toujours les mœurs, mais
elles peuvent les corrompre : les hommes deviennent vils si elles excitent la cupidité, cruels si elles
sont tyranniques, esclaves si elles sacrifient la justice
à l'intérêt. Descendons-nous aux relations privées?
La défiance est partout mêlée aux actions les plus
simples ; la convention la plus ordinaire a besoin
du sceau légal; ce que j'assure on me le fait
jurer, ce que je promets on me le fait écrire.
« *Semez du vent vous recueillerez des tem-*
» *pêtes* », dit l'écriture. Comment ne naîtrait-il
pas d'un tel ordre de choses des contestations, des
infidélités et des crimes? Vous desséchez la bonne
foi du souffle impur de la suspicion, vous cor-
rompez les mœurs publiques à leur source. Voilà
ce que j'aurais dit à celui qui inventa les premières
conventions écrites entre particuliers, les premiers
sermens entre souverains, les premiers législateurs
propriétaires.

Aujourd'hui le mal est grand sans doute, il faut
réprimer par des peines cette multitude de délits,
enfans de notre imprévoyance, mais nous pouvons rendre ces peines douces, supportables, ré-
génératrices, car au fond, notre corruption tien

essentiellement à la mollesse, à la grande inégalité des fortunes, et non pas à la perversité.

Le bas peuple est bon. Ses crimes ont presque
toujours la même origine; c'est le besoin, l'intem-
pérance, l'irréflexion, l'ignorance de la morale et
des principes religieux. Ils appartiendraient plutôt
aux lois de police qu'à la législation criminelle. Les
délits qui ont un caractère de dépravation et d'atrocité réfléchie viennent des classes plus élevées. Les
assassins de Fualdès n'étaient point des hommes
grossiers des derniers rangs de la société, cependant voyez avec quel sang-froid ils égorgent leur
victime, avec quelle joie barbare ils comptent ses
derniers soupirs, avec quelle immoralité ils corrompent et s'associent des malheureux que l'indigence leur donne pour auxiliaires ! Comment pu-
nissez-vous donc de la même peine ces hommes
ignorans et subornés, ces ilotes, instrumens ser-
viles dans la main du riche qui a de l'or pour ai-
guiser les poignards, et ce riche lui-même, homicide
par l'odieux calcul d'une sordide avarice ou d'une
implacable vengeance ? Ne nous y trompons pas,
notre corruption ne va pas du bas en haut, elle
va du haut en bas; c'est une chose digne d'être
méditée.

Des travaux pénibles sont partout le partage du

pauvre. Aucun ne connaît ni n'entend les lois ;
point de crime sans volonté , point de délit sans
intention. Je voudrais que le Code des délits et
des peines, gravé sur l'airain , fût exposé à tous les
regards dans les places publiques, afin que chacun
puisse le connaître, et savoir à quoi il s'expose en
violant le contrat social ; j'entends que le Code
serait moins avare de ces peines à perpétuité dont
il frappe si légèrement les coupables , et qui ne
laissent point de ressource à l'innocence ; j'entends
qu'il ne pousserait pas trop loin la prévoyance ,
qu'il n'outrerait point la cruauté , qu'il ne serait pas corrupteur lui-même. Il était bien ins-
piré ce législateur qui aima mieux ne porter aucune peine contre le parricide que de le croire
possible !

Les mœurs exigent que le peuple ait sous les
yeux le spectacle continuel des châtimens , et qu'il
soit rapproché autant que possible des lieux où ils
ont été mérités. Qu'importe au vulgaire de voir
des malfaiteurs, qu'il ne connaît point et qu'il ne
reverra plus, attachés pendant quelques heures au
pilori ? Qu'importe à ces malfaiteurs la foule qui
les environne et qui leur est étrangère ? C'est
dans l'intérieur des maisons de force qu'il faut
les montrer à leurs compatriotes, à leurs amis,
à leurs parens. Là expiant leur faute par le

travail, exposés aux regards du public à certains
jours, à certaines heures, pendant toute la durée
de leur peine, les condamnés porteraient dans ce
moment sur la poitrine leurs noms et prénoms
avec l'indication de leur délit. La vue de ce spectacle serait efficace pour l'exemple et la morale, il
n'aurait pas le même inconvénient que celui des
supplices sanguinaires dont on repaît la populace.
Quel effet ne produirait pas une pareille mesure
chez les Français, peuple éminemment sensible à
l'honneur, qui le met au-dessus de la vie, pour
qui enfin l'humiliation est la plus insupportable
des peines ?

Je ne trouve aucune disposition dans le Code
sur le suicide ; il est malheureusement dans nos
mœurs actuelles ; nulle part il n'est plus commun,
pas même en Angleterre. Il est cruel sans doute
de poursuivre l'honneur au-delà du tombeau ;
mais le suicide, l'une des plus funestes maladies
morales qui puissent attaquer le genre humain,
doit être combattu par les lois. Il ne serait pas
juste de confisquer les biens et les meubles du dé-
funt comme le faisaient nos aïeux au temps de
Saint-Louis (1), il serait indécent et inhumain de

____

« (1) Se il avenait (dit St.-Louis), que aucuns hom
» se pendist ou noïast, ou occist, en aucune manière,
» si muebles seraient au baron, et aussi de la famme. »

traîner le cadavre sur la claie comme c'était l'usage il y a cinquante ans, mais il serait peut-être convenable d'attacher l'infamie à la mémoire du suicidé, au nom et dans l'intérêt de la société.

Les législateurs anciens et modernes se sont accordés sur ce point, il est vrai qu'ils prenaient soin en même-temps de rendre la vie supportable aux citoyens.

En voyant de quel prix est aux yeux des hommes l'opinion qu'ils laissent sur leurs actions après la mort, on sent de quelle utilité peut être ici l'infamie, car il y en a de deux espèces, l'une de droit et l'autre de fait.

« Le crime fait la honte, et non pas l'échafaud. »

Il n'y a pas de peines contre les spoliateurs et profanateurs des sépultures. Notre législation ancienne et moderne s'est accordée à garder le silence. A Rome, après avoir rendu sacré le lieu où un homme était enseveli, la loi condamnait à la déportation le sacrilége qui osait violer l'asile des morts. Les Grecs, non moins religieux, infligèrent à ce crime un châtiment sévère. Jadis la superstition refusa des tombeaux, aujourd'hui l'impiété les viole. La nature, les mœurs, la religion s'unissent pour demander une peine proportionnée à ce délit.

§ XV.

DE LA DÉPORTATION.

LE temps presse, il faut appeler sur nos institutions vicieuses l'attention du législateur, et l'avertir par des considérations rapides qui frappent tous les bons esprits. Dans le court espace qui me reste jusqu'au moment où je crois utile la publication de cet écrit, je n'ai que le temps d'effleurer légèrement mon sujet; je l'approfondirai peut-être un jour, mais ici je dois être laconique et précis : mes erreurs seront faciles à rectifier, mes omissions à réparer, si l'on rend justice à l'esprit et aux intentions qui m'animent.

La déportation est une grande peine pour les citoyens d'un état libre; elle est une faveur pour les sujets d'un despote.

S'il s'agit de voleurs et de brigands elle est contraire au droit des gens. Il ne vous est pas permis de lancer vos malfaiteurs au milieu d'un peuple ami, de l'infecter de votre écume sociale. S'il s'agit de délits politiques ou de doctrines dangereuses la peine est trop forte et dès lors elle est injuste.

Je suis étonné que Beccaria, l'un des plus illustres défenseurs de l'humanité, ait donné des éloges à la déportation, il est vrai qu'il la réserve aux crimes atroces qui ne sont pas prouvés. Il faudrait alors, suivant ce philosophe, qu'une loi, la moins arbitraire et la plus précise qu'il serait possible, condamnât au bannissement l'homme qui aurait mis la société dans la triste alternative de le craindre ou de lui faire une injustice. Il n'entendait d'ailleurs par là que le bannissement de ville à ville, de province à province, d'état à état; il ne supposait pas que, proscrivant un jour les citoyens en masse par des actes arbitraires, on les transporterait sans jugement sur des plages insalubres, à deux mille lieues de la patrie, où on les abandonnerait sans secours et sans protection.

Je parle principalement ici de la déportation pour examiner si, d'après les principes d'humanité qui doivent être la base de nos lois pénales, l'exil dans les colonies ne serait pas plus utile à l'État et aux condamnés que la peine des fers ou des travaux à perpétuité, quand il y a récidive.

La déportation est la plus forte des peines du Code anglais après la mort; elle est plus ou moins longue selon la nature et la gravité du crime. Je ferai voir aisément, par l'opinion d'un célèbre publiciste, dans le chapitre suivant, qu'en toute hypothèse la peine des travaux à perpétuité serait préférable à la peine de mort pour les grands criminels.

Quant aux malfaiteurs condamnés aux fers ou aux travaux à temps, quel est le but qu'on doit se proposer? c'est de rendre leur peine utile en même temps qu'on les empêche de nuire; or je pense que personne n'entreprendra de soutenir que ce but est atteint dans les bagnes. Les condamnés, séparés de la patrie par la vaste étendue de l'Océan, ne trouveraient pas aussi facilement des moyens d'évasion, et la société n'aurait pas à craindre de voir rentrer dans son sein les êtres malfaisans qu'elle en a expulsés.

Dans les colonies, le travail serait indispensable, ils ne pourraient s'y soustraire et y jouiraient d'un peu plus de liberté. Cayenne, dont les immenses savannes exigent tant de bras pour les féconder, deviendrait sous ce rapport une nouvelle *Botany-Bay*, où la France déposerait les condamnés. N'en doutons pas, l'ame du criminel s'ouvrirait au repentir dans ces déserts, la voix du remords se ferait entendre, et le rendrait un jour digne de pardon : comment cultiver un champ et ne pas devenir homme de bien? Rappelons, par nos institutions, la morale dans le cœur des coupables ; qu'ils puissent revivre à la vertu en leur laissant l'espérance de revivre à l'honneur ; qu'ils puissent cesser d'être méchans par l'intérêt qu'on leur donnera d'être bons. Après qu'une longue partie de leur vie passée dans l'exil aura acquitté le tribut d'expiation, rendus à la société, qu'ils puissent encore recouvrer son estime par l'épreuve d'une conduite sans reproche, et mériter qu'elle efface de dessus leur front la tache de leur crime.

Je n'ai que peu de chose à dire sur l'exil et le bannissement pour opinions ou délits politiques; ces mesures, qu'on appelle *coups d'état*, sont jugées. Les partis en usèrent dans des temps affreux; non seulement on déporta l'homme sous de vains prétextes en de lointains climats, mais on l'exila d'un lieu de l'intérieur à un autre. Le dernier acte révolutionnaire sur la déportation est celui qui ordonna la translation aux îles Séchelles de cent trente individus, à raison de leurs opinions, et sans jugement, après l'attentat du 3 nivose an VIII.

Nous avons vu reparaître ces odieuses mesures à différentes époques de nos annales : des ministres, de simples fonctionnaires ont eu le pouvoir terrible de prononcer l'exil selon leur bon plaisir. Des hommes passionnés exercèrent l'ostracisme le plus arbitraire sur le rapport de quelques vils délateurs. Un simple arrêté transporta le citoyen paisible à deux cents lieues de son domicile, l'arrachant à ses habitudes, à sa famille, à ses travaux, à son industrie, sans consulter ni ses moyens, ni sa santé, ni ses affections. Le bannissement, *peine infamante*, fut prononcé sans jugement par un homme qui n'articulait d'autre motif si ce n'est que vous étiez *soupçonné d'être mécontent*. D'autres allaient plus loin encore, ils créaient des *juri de repentir* pour connaître de la *sincérité des sentimens ;* encore un peu plus ils en auraient institué pour *deviner la pensée*, pour *interpréter le silence*. O Tibère, tu n'étais qu'un novice !

Ces faits, qui appartiennent à l'histoire, nous montrent les dangers de l'arbitraire. C'est lui qui à toutes les époques arma du glaive ces bandes mercenaires prêtes à s'enrôler sous toutes les bannières lorsqu'il y a des excès à commettre et des rapines à exercer ; c'est lui qui solda ces enfans perdus, toujours transfuges et toujours heureux, qu'on voit arriver après les catastrophes comme les corbeaux après une bataille, pour dévorer les morts.

§. XVI.

DE LA PEINE DE MORT.

J'ARRIVE à la grande question de la peine de mort, depuis si longtemps débattue.

La mort doit elle ou non former l'un des élémens de notre Code pénal ? Le grand nombre d'opinions contradictoires émises à ce sujet prouve combien il est difficile de fixer les incertitudes. Si j'ose l'essayer de nouveau, si je suis assez téméraire pour soutenir une thèse opposée à l'avis des Montesquieu, des Rousseau, des Mably, c'est que je m'appuie des lumières de mon siècle, du vœu public, des leçons de l'expérience.

Dans la discussion de cette haute et redoutable théorie, il semblerait inutile d'examiner si la société peut légitimement ou non exercer le droit de tuer un de ses membres quand elle le juge utile à ses intérêts; ce n'est pas là où est la difficulté : il serait peut-être possible de prouver le droit; mais la société peut-elle, doit-elle en faire usage ? voilà le point sur lequel la morale et l'humanité font pencher la balance de l'opinion.

S'il s'agissait d'une question ordinaire il me suffirait d'analiser les principes pour les réfuter, mais ici je dois quelques développemens au lecteur, il

faut qu'il soit inondé de lumière et que la conviction l'entraîne. Je dois commencer par lui exposer
les divers systèmes. Voici comment s'expriment
Montesquieu, Rousseau et Mably, nous entendrons
ensuite Beccaria et Filangieri, surnommé à juste
titre le Montesquieu de l'Italie.

OPINION DE MONTESQUIEU. (1)

« Un citoyen mérite la mort lorsqu'il a ôté la vie
» ou qu'il a entrepris de l'ôter. Cette peine de mort
» est comme le remède de la société malade. Lors-
» qu'on viole la sûreté à l'égard des biens, il peut
» y avoir des raisons pour que la peine soit ca-
» pitale : mais il vaudrait peut-être mieux, et il
» serait plus de la nature que la peine des crimes
» contre la sûreté des biens fût punie par la
» perte des biens ; et cela devrait être ainsi si les
» fortunes étaient communes ou égales. Mais
» comme ce sont ceux qui n'ont point de biens
» qui attaquent plus volontiers celui des au-
» tres, il a fallu *que la peine corporelle suppléât*
» *à la première.* »

Comment un si grand homme peut-il dire qu'on
doit payer de sa vie quand on n'a pas de biens ?
Après l'honneur y a-t-il quelque chose au monde qui

____

(1) Esprit des lois, liv. 6, chap. 12.

soit plus estimé ? Comment n'a-t-il pas vu qu'en donnant la mort au coupable c'était priver la société d'un captif qui pouvait la servir encore par ses travaux ? L'homme mort est perdu à jamais ; la justice peut retrouver partout le coupable fugitif, elle ne retrouve pas l'innocent égorgé. Continuons notre examen.

OPINION DE ROUSSEAU. (1)

« On demande comment les particuliers, n'ayant
» point droit de disposer de leur vie, peuvent
» transmettre au souverain ce même droit qu'ils
» n'ont pas ? Cette question ne paraît difficile à
» résoudre que parce qu'elle est mal posée. Tout
» homme a droit de risquer sa propre vie pour la
» conserver. A-t-on jamais dit que celui qui se jette
» par une fenêtre pour échapper à un incendie soit
» coupable de suicide ? A-t-on jamais imputé ce
» crime à celui qui périt dans une tempête dont
» en s'embarquant il n'ignorait pas le danger ?
» Le traité social a pour fin la conservation des
» contractans : qui veut la fin veut aussi les moyens,
» et ces moyens sont inséparables de quelques
» risques, même de quelques pertes. *Qui veut*
» *conserver sa vie aux dépens des autres, doit la*

---

(1) Contrat social, liv. 2, chap. 5.

» donner aussi pour eux quand il faut. Or, le ci-
» toyen n'est plus juge du péril auquel la loi veut
» qu'il s'expose, et quand le prince lui a dit : *Il
» est expédient à l'État que tu meures, il doit
» mourir*, puisque ce n'est qu'à cette condition
» qu'il a vécu en sûreté jusqu'alors, et que sa vie
» n'est plus seulement un bienfait de la nature,
» mais un don conditionnel de l'État.

» La peine de mort infligée aux criminels peut
» être envisagée à peu près sous le même point de
» vue. C'est pour n'être pas la victime d'un assassin
» que l'on consent à mourir si on le devient. Dans
» ce traité, loin de disposer de sa propre vie, on
» ne songe qu'à la garantir, et il n'est pas à pré-
» sumer *qu'aucun des contractans prémédite de
» se faire pendre.*

» D'ailleurs tout malfaiteur attaquant le droit
» social devient par ses forfaits rebelle et traître
» à sa patrie, il cesse d'en être membre en violant
» ses lois, et même il lui fait la guerre. Alors la
» conservation de l'État est incompatible avec la
» sienne, *il faut que l'un des deux périsse. Et
» quand on fait mourir le coupable*, c'est moins
» comme citoyen que comme ennemi. Les procé-
» dures, le jugement sont les preuves et la déclara-
» tion *qu'il a rompu le traité social*, et par con-
» séquent qu'il n'est plus membre de l'État. Or,

» comme il s'est reconnu tel tout au moins par
» son séjour, il en doit être retranché par l'exil,
» comme infracteur du pacte, ou par la mort
» comme ennemi public, car un tel ennemi n'est
» pas une personne morale, c'est un homme, et
» c'est alors que le droit de la guerre est de tuer
» le vaincu. »

Quelle logique est celle de Rousseau !... L'ingénieux rhéteur n'a peut-être jamais mieux abusé de son talent, ni accumulé en ausssi peu de lignes autant de sophismes. « *Quand le prince a dit : » Il est, expédient que tu meures, il faut mourir.* » Avec ce raisonnement on justifierait les plus affreux supplices, on légitimerait toutes les cruautés d'un déspote, car on pourrait dire à l'opprimé : Tu les as connus avant que de t'y soumettre. « *Quand on ait mourir le coupable c'est moins comme citoyen que comme ennemi.* » Et plus bas : « *le droit de la guerre est de tuer le vaincu.* » Philosophe éloquent et sensible je ne vous reconnais plus à ce langage. On n'égorge pas le vaincu quand on peut l'enchaîner, l'empêcher de nuire, ou le rendre utile. Vous même, vous avez dit ailleurs : « *On n'a droit de tuer l'ennemi que quand on ne peut le faire esclave.* » (1) Je ne conçois pas votre exa-

____

(1) Contrat social, liv. 1, chap. 4.

gération quand vous dites : « *La conservation de l'État est incompatible avec celle du criminel, il faut qu'un des deux périsse.* » Quoi! l'État ne peut se conserver si on ne verse du sang sur l'échafaud ? il fallait dire : *le repos de l'État est incompatible avec la liberté du coupable, il faut qu'il perde sa liberté.* En pa lant du contrat social vous dites encore *qu'aucun des contractans ne prémédite de se faire pendre.* Assurément non ; mais il ne s'agit pas ici d'un traité où chacun puisse faire ses conditions, les accepter ou se retirer, il s'agit de lois tacites établies par la nécessité, le temps et l'usage, et que chacun doit adopter à ses risques et périls, lorsque le hasard le fait naître dans l'état de société.

L'auteur du contrat social, en accusant les autres d'avoir mal posé la question, la pose lui-même d'une manière fort insidieuse. Il dit : « *Qui veut conserver sa vie aux dépens des autres, doit la donner aussi pour eux quand il faut.* » Il n'est pas question de *conserver sa vie aux dépens des autres*, mais d'empêcher que *les autres ne commettent un crime à nos dépens*, et pour cela on ne voit pas la nécessité de stipuler la mort; s'il est vrai de dire *qui veut la fin veut les moyens*, il n'est pas du tout démontré que ce moyen soit d'ôter la vie à un homme.

OPINION DE MABLY. (1).

« Quoique les lois ne puissent jamais être trop
» douces, il faut cependant se garder de proscrire
» toute peine capitale. Si notre cœur dépravé se
» porte aux plus grands excès, si la politique a
» épuisé inutilement toutes ses ressources pour
» nous corriger, n'est-il pas raisonnable d'effrayer
» nos vices, et les lois ne doivent-elles pas alors
» leur opposer un frein plus puissant? Ne croyez
» point que pour déposer l'épée dans les mains du
» législateur, nous ayons dû avoir le droit de dis-
» poser de notre vie. C'est au contraire pour la dé-
» fendre contre les attaques ouvertes ou cachées
» d'un meurtrier que nous avons demandé ces lois
» sanguinaires qui révoltent. Dans l'état de nature
» *j'ai droit de vie et de mort* contre celui qui
» attente à ma vie, et en entrant en société j'ai
» résigné ce droit au magistrat. Pourquoi n'en use-
» rait-il pas? Les citoyens n'ont pas accordé au légis-
» lateur le droit de se jouer arbitrairement de leur
» vie, cette concession eût été insensée et nulle :
» mais ils ont exigé que le législateur veillât à leur
» sûreté, et que l'épée à la main il écartât les dan-
» gers dont ils sont menacés, ou les défendît contre
» un ennemi domestique qui voudrait les perdre.

(1) Principes des lois, liv. 3, chap. 4.

» On parle fort à son aise de ces travaux pé-
» nibles qu'on veut substituer à la peine de mort;
» mais ces travaux, quelque durs qu'ils soient, ne
» sont-ils pas dans toute la terre le partage de l'in-
» digence; et pourquoi voulez-vous que le criminel
» et l'indigent aient le même sort? d'ailleurs pou-
» vez-vous espérer qu'on ne se relâchera pas dans
» les travaux que vous imposez? Où trouverez-
» vous tous les bourreaux qui vous sont néces-
» saires?... »

« *Dans l'état de nature j'ai droit de vie et de
mort contre celui qui attente à ma vie.* » Ce
n'est là qu'un paradoxe; le *droit* est *puissance* :
or, dans l'état naturel, aucun homme n'a puissance
sur un autre qu'autant qu'il est le plus fort. Dans
ce cas là même il n'y a pas *droit* il y a *violence.*
Le droit de punir suppose des lois faites, un empire
établi, car il résulte de la *convention tacite* qu'on
appelle *contrat social.* Alors punir n'est pas encore un droit, c'est un devoir, une obligation de
la puissance souveraine. En la créant on lui a dit :
« *Conservez-nous et nous vous obéirons, sinon,
non.* » Si *droit* et *tyrannie* n'étaient pas deux
mots qui jurent ensemble, le despote seul, tenant
tout de lui-même, aurait des *droits.*

Le système de Mably croule par la base, et les
conséquences qu'il en tire sont pitoyables. « *Les*

citoyens ont exigé que le législateur veillât à leur sûreté : » oui ; « *l'épée à la main* » non ; car on peut se défendre sans égorger, donc la peine de mort n'est pas la seule loi tutélaire. [1] »

Tous ces raisonnemens se réduisent à ce syllogisme : *Garantir les citoyens est le devoir de la société ; or, on ne peut garantir les citoyens sans donner la mort aux coupables ; donc le devoir de la société est de donner la mort aux coupables.* On répond à cela que la société n'est pas menacée dans son existence lorsqu'elle n'est attaquée que dans un seul de ses membres, fraction incommensurable d'elle-même, qu'elle a la force de tous contre un seul ; qu'elle ne se venge pas ; qu'elle punit avec une mûre réflexion, et que dans ce cas donner la mort est abuser de sa force. Votre manière de corriger le coupable n'est de l'égorger ; vous trouvez la peine des travaux trop douce ; fort bien ; mais si on se trompe en donnant la mort, qui pourra en dédommager ? Avez-vous pensé à l'incertitude des preuves, aux erreurs des juges ?.. Je le sais, vous l'avez dit ; le législateur a *l'épée à la main*, et l'épée comme chacun sait est infaillible : ces expressions sont mal sonnantes dans la bouche d'un prêtre et d'un philosophe,

[1] Des délits et des peines, chap. 16.

OPINION DE BECCARIA. (1)

« Quel peut être le droit que les hommes s'at-
» tribuent d'égorger leurs semblables ? Ce n'est
» certainement pas celui dont résultent la souve-
» raineté et les lois. Elles ne sont que la somme
» totale des petites portions de liberté que chacun
» a déposées : elles représentent la volonté géné-
» rale, résultat de l'union des volontés particu-
» lières. Mais quel est celui qui aura voulu céder
» à autrui le droit de lui ôter la vie ? Comment
» supposer que dans ce sacrifice, que chacun
» fait de la plus petite portion de liberté qu'il a
» pu aliéner, était compris celui du plus grand
» des biens ? ... *La peine de mort n'est appuyée*
» *sur aucun droit...* elle n'est qu'une guerre dé-
» clarée à un citoyen par la nation... Deux motifs
» seulement peuvent faire regarder comme néces-
» saire la mort d'un citoyen. *Dans ces momens*
» *de trouble où une nation cherche à redevenir*
» *libre, ou touche à la perte de sa liberté, dans*
» *ces temps d'anarchie où les lois se taisent et*
» *sont remplacées par le désordre et par la con-*
» *fusion ;* si un citoyen peut, par ses relations

____

(1) Des délits et des peines, chap. 16.

» et son crédit, porter atteinte à la sûreté de son
» pays, *si son existence peut produire une ré-*
» *volution, il est nécessaire de l'en priver*....
» L'expérience de tous les siècles prouve que la
» crainte du supplice n'a jamais arrêté les scélé-
» rats déterminés à porter le trouble dans la so-
» ciété..... *Un esclavage perpétuel aurait autant*
» *et plus de pouvoir que la mort*. On envisage la
» mort avec un œil tranquille et ferme : le fana-
» tisme l'embellit ; la vanité, compagne fidèle de
» l'homme jusqu'au tombeau, en dérobe l'hor-
» reur ; le désespoir la rend indifférente. Quelle
» perspective au contraire que celle d'un grand
» nombre d'années, ou de la vie entière, à passer
» dans la servitude !...

» » Quelle absurdité ! faites pour n'être que l'ex-
» pression de la volonté publique et pour détester
» l'homicide, les lois en commettront elles-mêmes ;
» elles voudront éloigner du meurtre, et elles
» commanderont un assassinat public !.... Elle n'est
» point encore venue cette époque fortunée où les
» yeux fascinés des nations s'ouvriront à la lumière,
» où les vérités révélées ne seront plus les seules
» qui éclaireront le genre humain. »

OPINION DE FILANGIERI. (1)

« Tout le monde sait que la société doit avoir
» le *droit* de punir de mort l'homme atroce qui a
» fait périr son semblable; mais où est le fonde-
» ment de ce *droit*? Ici commence l'incertitude.
» L'homme, dans l'état d'indépendance natu-
» relle, a *droit* à la vie; il ne peut renoncer à ce
» *droit*; mais peut-il le perdre? peut-il en être
» privé sans qu'il y renonce? est-il quelque cir-
» constance où un autre homme puisse le tuer
» sans en avoir reçu le pouvoir de lui-même?...
» *Sans ce droit, la loi de nature aurait été une
» loi absurde.* Si l'état naturel avait tant d'im-
» perfection, ce n'est pas parce que les hommes
» y étaient privés du droit de punir, c'est parce
» qu'ils manquaient de la force nécessaire pour
» l'exercer dans tous les cas. Or, cette imperfec-
» tion de la nature a été corrigée dans la société;
» on n'a pas créé un nouveau *droit*, on a assuré
» l'exercice d'un *droit* ancien, et c'est ainsi que
» moi et les autres membres de la société, sans
» céder notre *droit* à la vie, nous sommes égale-
» ment exposés à la perdre, si nous venons à com-
» mettre ces excès contre lesquels l'autorité légis-
» lative a prononcé la peine de mort. »

____

(1) Liv. 3, part. 2, chap. 3.

Le principe de Filangieri est, comme on voit, le même que celui de Mably ; le sophisme est dans le mot *droit*, à la place duquel il aurait dû mettre *devoir*. « *Sans le droit de tuer, la loi de nature*, dit-il, *aurait été une loi absurde.* » Abus de mots! Vous êtes porté à la défense par l'instinct naturel et par le besoin de votre conservation, je ne vois dans cette faculté l'exercice d'aucun *droit.* Un homme m'attaque, je ne peux me défendre qu'en le tuant, je le tue, voilà une loi naturelle ; mais pour que la société puisse en faire autant, il faut la supposer dans le même état de faiblesse que l'homme de la nature ; il faut quelle ne puisse pas se défendre autrement, et c'est ce qui n'arrive jamais. N'argumentons pas de la société entière à un seul citoyen, comme nous le ferions d'un individu à un individu. L'obligation immédiate peut seule justifier la mort de l'agresseur dans l'état social ; un meurtre ne met pas la société dans un danger immédiat, et par cette raison il ne lui reste que le droit de protection. Un vainqueur qui fait mourir ses captifs est un barbare ; l'homme qui égorge un enfant qu'il peut désarmer est un monstre : le coupable que la société condamne est, devant elle, plus faible qu'un enfant ; donc elle ne doit pas le tuer.

En voilà trop peut-être sur les abstractions métaphysiques de cette question. Quant à l'opinion de Beccaria, si je la rapporte, c'est moins parce qu'elle s'accorde avec la mienne que parce qu'elle contient une proposition erronnée, en affirmant qu'on a le droit *d'infliger la mort dans les temps de trouble.* Je ne puis partager cette opinion; je ne puis faire cette concession au philosophe Beccaria : il n'eût pas parlé ainsi, s'il avait vu les tribunaux révolutionnaires et les lois d'exception !

Malgré le préjugé que doit élever contre moi la différence de mon opinion avec celle des plus célèbres publicistes, il en est un plus fort, je le répète, préjugé respectable, inné dans le cœur humain, c'est l'horreur de cette mort, donnée par un citoyen à un citoyen au nom de tous. Quel est ce sentiment indéfinissable qu'on éprouve à l'aspect d'un malheureux traîné sur l'échafaud? Est-ce l'effroi du crime? est-ce l'effroi du supplice? ce n'est ni l'un ni l'autre; c'est l'instinct de la nature, elle crie, elle se révolte; par cette émotion la peine de mort est jugée.

Cette peine a disparu depuis longtemps en Toscane; qu'en est-il résulté? moins de coupables. Les archives prouvent ce fait. En 1779, on a comparé les dix années qui précédèrent l'abolition avec les dix années qui la suivirent, et on a trouvé le nombre des criminels considérablement diminué.

Que ne puis-je mettre sous vos yeux, législateurs, ces archives précieuses dans les annales de l'humanité! Que ne sommes-nous encore au temps où le sénat romain prenait le deuil quand on faisait mourir un citoyen, où après avoir vaincu Carthage il lui défendait d'immoler des hommes, faisant ainsi le plus noble usage de la victoire.

La peine de mort est contraire aux mœurs publiques; elle n'a aucune efficacité pous arrêter le crime. C'est un de ces remèdes violens, qui, sans guérir la maladie, altère et énerve les organes du corps politique. La nature, il est vrai, a mis dans le cœur de l'homme le désir de conserver son existence, mais à côté de ce sentiment est la certitude qu'il doit mourir un jour; la nécessité le familiarise avec cette idée sinistre, car l'opinion, le vice, le crime, la vertu ont un avantage commun, le mépris de la mort. Chaque nation, chaque caste, chaque profession a des fanatiques et des seïdes. L'Indien, le Musulman, l'Anglais, par des principes opposés, meurent avec indifférence. Chez d'autres peuples le sentiment d'un faux point d'honneur suffit pour braver le trépas, pour affronter les dangers d'une mort paisible.

Considérez cette foule immense que l'espoir d'une exécution rassemble dans la place publique; quel est le sentiment qui l'y conduit? est-ce le désir de contempler le glaive des lois, et en voyant tomber la tête de la victime, de se pénétrer d'une religieuse horreur pour le crime ? Le citoyen est-il meilleur ce jour là en regagnant sa demeure ? l'homme pervers abjure-t-il le complot qu'il méditait ?.... non ; ce n'est point à une leçon, c'est à un spectacle que tout ce peuple accourt ; une curiosité stupide et barbare l'y invite ; la vue du sang flatte ses dispositions immorales et farouches, et le malfaiteur, les yeux fixés sur le supplice, vole son voisin au milieu de la populace qui environne l'échafaud. Malheur à la société, si parmi les spectateurs il se trouve un de ces êtres disposé au crime par la perversité de ses penchans ; malheur à elle, car son instinct, semblable à celui des animaux féroces, n'attend que la vue du sang pour s'éveiller, et son bras homicide s'armera en quittant ce lieu d'épouvante et d'horreur.

La peine de mort est nécessaire, dites-vous ? S'il en est ainsi, pourquoi tant de peuples ont-ils su s'en passer ? par quelle étrange exception ces peuples ont-ils été les plus sages, les plus heureux, les plus libres ? Si la peine de mort est la plus propre à prévenir les grands crimes, il faut donc qu'ils aient été plus rares chez les peuples qui l'ont adoptée, or, c'est précisément le contraire. Voyez le Japon ; nulle part la mort et les supplices ne sont si communs ;

nulle part aussi les crimes ne sont si fréquens, si
atroces ; on dirait que la férocité de ce peuple
lutte avec la barbarie des lois qui l'outragent. Les
républiques de la Grèce, où les châtimens étaient
modérés, où la peine de mort était presque inconnue, offraient-elles plus de crimes et moins de
vertus que les pays gouvernés par des lois de
sang ? Rome fut-elle souillée de forfaits, lorsque
dans les jours de sa gloire la loi *Porcia* eut aboli
le code sanguinaire des rois et des décemvirs ?
Fut-elle plus vertueuse sous Sylla qui le fit revivre,
et sous les empereurs qui prodiguèrent les supplices ? Enfin, pour chercher des exemples plus
récens, la Russie est-elle bouleversée depuis trente
ans que la peine de mort y est abolie ?....

La nouvelle ayant été portée à Athènes que des
citoyens venaient d'être condamnés à mort en
Argos, on courut dans les temples pour conjurer
les dieux de détourner des Athéniens des pensées
si cruelles.... Je supplie non seulement les dieux,
mais les législateurs, interprètes légitimes des lois
éternelles dictées aux hommes par la Toute-Puis-
sance, d'effacer la peine de mort du Code français.... Loi fatale du talion, tu nous as égarés ! c'est
toi qui a commandé la mort ; c'est toi qui a dit :
Rendez crime pour crime, barbarie pour barbarie,
supplice pour supplice ; ta funeste logique nous est

venue de la vengeance individuelle, de cette vengeance lâche et sordide qui donne aux assassinats
la forme légale, qui confond toutes les idées et
trouble tous les rapports.

§ XVII.

CONSIDÉRATIONS SOCIALES DANS L'AP-
PLICATION DES PEINES.

LES rapports des peines avec l'intérêt social se
subdivisent à l'infini. L'étendue et les bornes de
cet ouvrage ne nous permettent pas de les examiner
tous ; nous saisirons seulement les traits les plus
saillans pour être fidèle au plan que nous nous
sommes tracé, en prenant pour base l'égalité civile
devant la loi.

Les Romains punissaient de mort l'infanticide ;
nous les avons imités. Mais à combien de doutes,
d'incertitudes et d'erreurs ce genre de crime ne
peut-il pas donner lieu ? Là, le domaine du juris-
consulte est confondu avec celui de l'anatomiste,
car il faut fixer toutes les circonstances du délit,
il faut les préciser. A quelle époque commence la
vitalité ? à quel point de son développement le
fœtus jouit-il de cette faculté ? Voilà des questions
sur lesquelles on n'a encore que des notions incer-
taines, quoique plusieurs législateurs aient cru

pouvoir fixer le cent quatre-vingt-deuxième jour
comme le premier terme de *vitalité*. L'infanticide prémédité doit être extrêmement rare parce
qu'il offense les lois de la nature ; si celui qui est
la suite du libertinage et du désespoir exige une
réparation publique ce ne peut être la mort. Il n'y
a qu'un code barbare qui puisse prononcer une
telle peine contre un sexe timide, victime des
passions, de l'égarement ou de la séduction. A
combien d'angoisses est réduite l'infortunée que nos
préjugés forcent à rougir des signes de la mater-
nité ! Qu'elle horrible situation !.... Le dernier
procès de ce genre porté aux assises de la Seine,
nous a montré une malheureuse en proie aux dou-
leurs de l'enfantement, courant de toit en toit
pour en dérober la trace. Les jurés ont dû l'ac-
quitter sur la question intentionnelle. Admirable
logique des lois ! elles punissent de mort l'*infanticide*, et elles se taisent sur la *prostitution*. Eh !
quoi, la prostitution n'est-elle pas un infanticide
moral ? cet abominable traffic a-t-il sur la société
une influence moins pernicieuse que la perte d'un
fœtus !

Avant tout, la loi doit éviter le scandale : il est,
si j'ose m'exprimer ainsi, des délits qu'elle doit
ignorer, parce que la réparation serait pire que
l'offense. Platon veut que le nom des époux qui ne

se livrent point au devoir conjugal soit affiché publiquement et noté d'infamie; quelle indécence! quel outrage aux mœurs! et c'est le premier philosophe de la Grèce qui l'ordonne!...

Nous ne parlerons pas de ces délits infâmes qu'il faut ou réprimer en silence, ou supposer impossibles; tels sont les monstruosités morales qui, méconnaissant les sexes, attentent aux lois de la nature, de la pudeur et de la société.

L'empoisonnement, l'incendie, me paraissent les plus vils et les plus détestables des crimes qui puissent intervertir l'ordre social; cependant combien d'accusations de ce genre dénuées de fondement? Ces crimes sont d'autant plus graves, je l'avoue, qu'il est plus difficile de s'en garantir; mais comme il est rarement possible d'acquérir une entière conviction de pareils attentats, c'est une raison pour que la loi ne les punisse pas plus sévèrement que l'assassinat.

Plusieurs peuples ont modifié les peines suivant le sexe du coupable; l'humanité en fait une loi. Les Anglais punissent la fausse monnaie de la potence, si c'est un homme; du feu, si c'est une femme: barbare absurdité! Mais les lois françaises sont-elles donc plus raisonnables quand elles sévissent contre l'adultère de la femme, en tolérant celui du mari?

A quel âge est-on criminel? dites-moi quand on

peut discerner le bien et le mal, je vous répondrai.
Le discernement, la lucidité, sont plus ou moins
précoces en nous ; ils dépendent du climat, du
tempérament, des organes intellectuels, de l'instruction , et d'une foule d'incidens fortuits, qu'il
est impossible de calculer. En Chine la *vieillesse*
et l'*enfance* éprouvent également l'indulgence de la
loi. La jurisprudence anglaise punissait de mort, à
l'âge de *huit ans* : quelle horreur !.... Il semble que
toutes les présomptions devraient être en faveur de
l'accusé jusqu'à vint-cinq ans , surtout lorsqu'il
s'agit d'un crime emportant la peine capitale, car sans
cela que devient le principe sacré, point de crime
sans volonté ? L'aréopage confondit toutes les idées,
lorsqu'il punit de mort un enfant qui avait arraché
les yeux à un oiseau, et quoiqu'on saisisse aisément
la pensée des juges , leur décision n'en était pas
moins injuste et barbare.

Le vol ne fut puni à Lacédémone que quand il
ne se commettait point avec adresse. La raison en
est simple ; il n'y avait pas d'argent, et la loi agraire
était en vigueur. Que craindre quand on n'a rien ?
Si la barbarie des codes inspire moins de confiance
dans nos villes que la seule bonne foi dans les déserts, c'est que la richesse et la propriété élèvent un
mur d'airain entre l'opulence et la pauvreté. Par
ce motif la peine du *voleur indigent* doit toujours

être adoucie en proportion de la rigueur de son sort. Quand le riche réprime si difficilement des désirs effrénés de luxe et de jouissances, comment voulez-vous que l'indigence résiste à la faim ?.... Un malheureux, pressé par le plus impérieux des besoins, casse une vitre chez un boulanger, et vole un pain; la loi le condamne à 12 ou 15 ans de travaux forcés, parce qu'il y a la circonstance aggravante de *l'effraction*; mais je vous le demande, la loi est-elle juste? sur 900 condamnés on a calculé que 700 manquaient des premières nécessités de la vie. Tout le monde connaît le trait de Sallo, conseiller au parlement de Paris, au commencement du règne de Louis XIV. Ce magistrat est arrêté, et sa bourse lui est demandée, il la donne : mais il s'aperçoit que le voleur a l'âme émue, l'œil égaré, le front pâle, la voix tremblante. Il le suit dans sa demeure, et le voit jeter avec une satisfaction inquiète un pain qu'il venait d'acheter. « *Prenez,* dit-il, avec le frémissement de la rage et de la honte, *prenez, mes enfans! Votre père paiera cher, peut-être il paiera de sa vie le secours horrible qu'il vous donne!....* » Ces douloureuses clameurs font une grande impression sur l'âme de Sallo: Il se mêle aux pleurs de la malheureuse famille : il lui promet, il lui donne des secours : le désespoir écarté, l'honneur reprit son empire; mais le remords resta, et punit jusqu'au tombeau l'auteur involontaire d'un crime, dont la cause ne fut pas entièrement étrangère à la vertu.

§. XVIII.

DE L'AFFINITÉ DES LOIS PÉNALES AVEC LES IDÉES POLITIQUES ET RELIGIEUSES.

Il y a souvent de grandes contradictions entre l'opinion et la loi relativement à certains délits ou à certains vices ; ces contradictions prennent naissance avec la politique ou les idées religieuses des peuples. Dans le duel, par exemple, nous voyons le culte en opposition avec l'honneur ; l'un dit : *venge-toi*, l'autre : *pardonne*. Mais où a-t-on placé l'honneur ? Sur un préjugé. L'opinion n'en flétrit pas moins celui qui, au lieu de se battre avec son agresseur, invoque la loi pour repousser l'injure. C'est un reste de l'ancienne barbarie de nos mœurs.

La loi pénale se lie très-étroitement avec les idées religieuses, et même celles-ci deviennent ses auxiliaires lorsqu'elles arrêtent par leurs inspirations, des forfaits qui sans cela eussent mérité des châtimens. On ne peut méconnaître ici l'influence de l'évangile, de ce code sublime ; il enseigne au pauvre, victime terrestre des riches et des grands, à souffrir en silence; il les rend tous égaux devant lui. Touchante parabole, que celle du riche puni, sollicitant les bontés de Lazare indigent, auquel il avait prodigué l'insulte et le mépris !

« Si la religion du peuple, dit Filangieri, éta-
» blit le dogme de la *nécessité* des actions hu-
» maines; si la doctrine du *fatalisme*, doctrine
» née avec le despotisme et la servitude, forme un
» des articles de sa croyance, il est évident que la
» législation doit y être plus sévère, et la *sanction*
» *pénale plus rigoureuse* que chez un peuple où
» la religion établit le dogme contraire de la
» liberté. »

Je dois le répéter ici, c'est au christianisme que nous devons les idées libérales, c'est lui qui nous enseigne à détester la tyrannie, car dans son esprit, dans son culte, la pitié, le repentir ont des autels; le malheureux ne prononce pas en vain le nom du législateur. Que le Code pénal soit chrétien, il sera toujours bon.

Qu'elle différence quand la loi pénale se rapporte uniquement à la politique ou à la superstition! elle n'a point; elle ne saurait avoir de caractère fixe; la même action peut être à telle époque un crime, et à telle autre une vertu; elle peut être honorée sur les rives du Gange et punie aux bords de la Seine. Souffler le feu est une action très-simple à Paris, et fut un grand crime chez les Perses dans la religion de Zoroastre. Quelle variété dans la manière d'apprécier l'importance des délits ! Lycurgue consacre l'adultère, autorise le vol, dispense de la pudeur, et punit de mort celui qui naît difforme. Solon réduit les enfans naturels en esclavage, il permet au créancier de tuer son débiteur insolvable. L'Egyptien voue à la mort tous ceux qui ne justifient pas de leurs moyens d'existence. Forcer l'entrée d'une maison est parmi nous un simple délit de police, ce fut un grave attentat chez les anciens, parce qu'ils portaient un grand respect à l'enceinte domestique. Des Lares habitaient leurs foyers, en troubler l'asile était un sacrilége.

Je ne sais quel peuple remerciait les dieux après un orage de l'avoir préservé de la foudre : la plupart des nations païennes, après avoir reçu des lois, auraient pu bénir le ciel de les avoir préservées des caprices du législateur.

§ XIX.

DE LA PUBLICITÉ DES CHATIMENS.

L'HONNEUR étant ce que l'homme a de plus cher après la vie, les lois ne doivent le lui ravir que quand sa dépravation est incurable ; s'il est des êtres corrompus et nés vicieux, il en est d'autres qui, nouveaux Œdipes, sont conduits par une destinée fatale à l'infamie et au crime. C'est à ceux-là surtout qu'il importerait de ne pas ôter l'espérance d'une réhabilitation dans l'estime de leurs semblables.

Si vous n'infligez qu'une peine passagère et ignorée à un léger délit, tout n'est pas perdu ; la loi étant satisfaite, le coupable rentre dans la société où il peut devenir homme de bien. Si au contraire vous rendez publique sa faute, vous l'isolez de cette même société, vous l'obligez à fuir les hommes, à se faire brigand.

Tel est, je pense, l'effet inévitable que doivent produire les peines du carcan et de la marque, lorsqu'elles sont prostituées comme aujourd'hui aux moindres délits, et infligées à la *première faute*. Il n'y a qu'un bandit exécré qui puisse être passible de ces châtimens. La maison de force

d'Amsterdam offrit autrefois un modèle au reste
de l'Europe; on y corrigeait le vice en silence dès
ses premiers pas dans la carrière, et avec le con-
cours des parens du coupable; on le ramenait par
gradation au point de pouvoir sans honte, sans
danger, rentrer dans la société, en sorte que la
récidive était très rare.

L'homme désire l'estime de ses semblables : le
plus scélérat croit nécessaire de leur en imposer en
prenant le masque de la vertu; c'est un hommage
involontaire qu'il lui rend. Il faut donc tirer avantage de cette disposition du cœur humain, en
n'infligeant des châtimens publics aux coupables
que quand ils sont corrompus sans retour.

Ne perdons jamais de vue cet axiome, que les
lois ne sont bonnes que quand elles donnent intérêt à être juste. Pour que l'infamie soit un levier
puissant dans la main du législateur, il ne doit ni
la prostituer, ni l'employer sans discernement.

§XX.

DES LOIS PÉNALES RELATIVES AUX ATTENTATS CONTRE LA SURETE INTÉRIEURE ET EXTÉRIEURE DE L'ÉTAT DEPUIS 1791.

LA loi ne saurait jamais s'exprimer assez clairement en ce qui concerne les *crimes d'état*, elle ne saurait les définir avec assez de précision, mais nous voyons presque toujours le contraire, surtout dans les temps de troubles et de révolutions : les factions qui divisent l'Etat ont alors intérêt à jeter du *vague* et de *l'arbitraire* dans les termes pour avoir le droit d'en mettre dans les choses.

Sous un gouvernement bien constitué, la preuve de ce genre de délit doit, pour être admise, *être plus claire que la lumière du jour en plein midi*. Les lois de la Chine punissent de *mort* celui qui aura manqué de rendre à l'empereur le *respect* qui lui est dû, et comme elles ne déterminent pas en quoi consiste ce *respect*, on a par là mille prétextes pour ôter la vie à ceux qu'on veut perdre.

Il fut un temps à Rome où les actions les plus innocentes prenaient le caractère de *crimes d'état*; il suffisait qu'un nain ou un bouffon le désirassent.

Sous les monstres qui gouvernèrent l'empire depuis Tibère jusqu'à Othon, ne point applaudir un histrion, aller au bain, louer les hommes vertueux, furent des crimes de *lèze-majesté* ; ce fut, comme dit Pline, les délits de ceux à qui on n'en pouvait imputer d'autres.

Les passions des hommes sont les mêmes dans tous les temps ; c'est ce qu'il ne nous sera point difficile de prouver.

Les deuxième et troisième sections du titre premier de la deuxième partie du Code pénal avaient défini ce qui constituait un *crime d'état*. La France, devenue république, vit modifier plusieurs de ces dispositions ; les factions, maîtresses tour à tour du pouvoir, laissèrent partout l'empreinte de l'esprit d'injustice et de destruction qui les animait.

Je vais essayer de retracer le caractère, le texte et la mobilité de ces lois, dont les fragmens s'adaptèrent depuis si merveilleusement à toutes les circonstances, que le despotisme et l'arbitraire en ont toujours fait leur profit.

Le Code pénal de 1791 fut assez rigoureusement observé jusqu'au 10 août 1792, époque où la royauté fut renversée. Le premier article de la deuxième section se trouvait anéanti par le fait même de la destruction du pouvoir qui l'avait créé ;

le reste fut dénaturé par des lois féroces qui chan-
gèrent toute l'économie du Code pour mettre à la
place des monumens d'oppression et de servitude.
Ces attentats contre la liberté publique furent en
grande partie sanctionnés par le Code des délits et
des peines.

Nous allons les analyser sommairement dans
l'ordre chronologique. La mort tombe de la plume
du législateur à chaque instant; on se croit trans-
porté chez quelque peuple farouche gouverné par
de nouveaux Dracon.

15 Septembre 1792 : Défense aux citoyens de se revêtir
d'aucune des décorations prescrites pour les fonctionnaires, s'ils n'ont caractère pour les porter, à peine de
deux ans de fer, et de *la mort* s'il s'en est suivi des
actes que l'officier public avait seul droit de faire.

4 Décembre, même année : Peine *de mort* prononcée
contre quiconque proposerait ou tenterait de rétablir la
royauté.

16 Décembre, même année : Peine *de mort* contre les
individus qui *tenteront* ou *proposeront* de rompre *l'unité
et l'indivisibilité* de la République, ou d'en détacher
quelque partie en faveur de l'étranger.

18 Mars 1793 : Peine *de mort* contre ceux qui proposeront une *loi agraire*, ou toute autre subversive des
propriétés territoriales.

19 Mars 1793 : Peine *de mort* contre ceux qui provo-
quent, par *leurs écrits*, le meurtre et la violation de la
propriété, lorsque le délit aura suivi la provocation, et
de *six ans de fers* dans le cas contraire,

19 Mars 1793 : Peine *de mort* et traduction au *tribunal révolutionnaire* à l'égard de ceux qui, par *leurs
écrits*, auraient tenté de dissoudre la représentation nationale, auraient proposé le rétablissement de la royauté
et *attenté à la souveraineté du peuple.*

C'est en vertu de ces *expressions vagues* de la
loi que la tête d'une foule de citoyens tomba jour-
nellement sous le fer du bourreau ; elles ont servi
de formule banale pour égorger en masse.

19 Mars 1793 : *Trois mois de détention* contre les
colporteurs d'*écrits* sans nom d'auteur ou d'imprimeur,
et s'ils ne peuvent les nommer, *deux ans de fers.*

Ces dispositions pénales précédèrent la journée
du 31 mai ; elles étaient comme le signe précur-
seur de la terreur qui allait planer sur la France ;
parmi les députés qui osèrent s'élever alors contre
les *tribunaux révolutionnaires*, on en remarqua
un qui dans tous les temps a combattu courageuse-
ment l'arbitraire, M. le comte *Lanjuinais*, aujourd'hui pair de France ; il ne s'est pas opposé depuis avec moins de chaleur aux tribunaux et aux

lois d'exception. Ce qu'il y a de remarquable c'est que dans toutes les circonstances ces mesures furent des armes à deux tranchans, aussi fatales aux oppresseurs qu'aux opprimés ; ceux qui avaient érigé le monstrueux et sanguinaire tribunal de 1793 en devinrent les premières victimes.

La faction victorieuse au 31 mai ne mit bientôt plus de bornes à ses proscriptions : fuir l'antre de la mort devint un crime ; et la *mise hors la loi* fut inventée. Le gouvernement révolutionnaire, environné de tant de lois terribles, de tant d'actes odieux, ne sauvait pas même les apparences, il frappait au hasard la valeur et la trahison, les talens et la richesse, le crime et la vertu, aussi ne trouve-t-on aucune disposition nouvelle dans la législation pénale jusqu'au 7 août 1793.

A cette époque on décréta la peine de mort contre les individus surpris en *fausse patrouille*, ou dans un rassemblement, *habillés en femme*.

7 SEPTEMBRE 1793 : Sont *mis hors la loi* ceux qui accepteraient des fonctions publiques dans les parties du territoire envahi par l'ennemi. (Cette loi fut rapportée par une autre du 14 fructidor an V.)

17 SEPTEMBRE 1793 : Les déportés sont assimilés aux émigrés, et *punis de mort* s'ils rompent leur ban. (La

peine de la déporttaion fut ensuite perpétuelle, (5 fri-
maire an II.)

21 Septembre 1793 : Création des *comités révolutionnaires*, et invention *des suspects*.

20 Nivose an II : Peine *de mort* contre les gardiens
de scellés qui les auraient brisés, lorsque le crime aura
rapport à des *contre-révolutionnaires ;* vingt-quatre ans
de fers lorqu'il concernera l'Etat ; douze ans de fers
quand il s'agira d'un simple citoyen.

22 Germinal an II : Loi ayant effet rétroactif au 3o
vendémiaire précédent, portant peine *de la déportation* contre ceux, qui recéleront des prêtres condamnés
à mort, à la déportation ou à la réclusion.

C'était une chose inouïe et monstrueuse que de
donner un effet rétroactif à une loi pénale pour une
peine à *perpétuité.* Cependant on crut que ce n'é-
tait point encore assez, et l'exagération de ce temps-
là décréta que *le receleur serait considéré comme
complice* et puni des *mêmes peines,* c'est à dire de
la mort, de la *déportation,* ou de la *réclusion.*
Quel renversement d'idées !

25 Brumaire an III : Confirmation du *bannissement*
des émigrés à perpétuité, et *peine de mort* contre les
infractions à ce bannissement. (Cette peine est rendue

commune aux prêtres par la loi du 20 fructidor an III.)
La même loi porte à l'égard de ceux qui recéleront les émigrés, qui faciliteront leur rentrée, ou qui fabriqueront à
cet effet de faux certificats, quatre ans *de fers* pour le
premier cas, et dix ans pour le second. Les témoins qui
auraient attesté des faits faux relativement aux certificats
sont punis de six ans de gêne.

Le 9 thermidor an II vit s'écrouler enfin l'écha-
faudage de la tyrannie décemvirale ; les inventeurs
de la *mise hors la loi* en furent frappés eux mêmes. Cette journée arrêta les exécutions, mais
selon l'usage les persécutés devinrent les persécu-
teurs, une réaction s'organisa, et les citoyens con-
tinuèrent d'être opprimés.

Ier GERMINAL AN III : La *déportation* est prononcée
contre le pillage des propriétés particulières ou publiques. (Loi inutile puisque ces dispositions existaient déjà.).
L'insulte faite à un représentant du peuple est punie de la
même peine, et de la *mort* si on lui a fait *violence*.

Remarquons en passant le vague des mots *insulte* et *violence* ; c'est qu'on voulait en abuser pour
envoyer ses ennemis à Cayenne.

12 FLORÉAL AN III : Bannissement à perpétuité pour
écrits et discours séditieux qui auraient provoqué l'avi-
lissement de la *représentation nationale* ou le retour de

la royauté ; et s'il s'en est suivi un rassemblement, *peine
de mort.*

5 Prairial an III : Peine *de mort* contre celui qui battra
la générale sans un ordre de l'état major.

La France, fatiguée de l'insupportable anarchie
qui l'opprimait, revint enfin à des idées d'ordre ;
la constitution de l'an III fut érigée sur les ruines ;
et comme elle avait à lutter contre de violentes
oppositions, son berceau fut environné de nouvelles lois pénales.

21 Fructidor an III : Sont considérés comme ayant
attenté à *la souveraineté du peuple* et punis comme tels
(c'est à dire de mort) ceux qui se réuniraient en comité
sans autorisation, et ceux qui se rendraient sans mission
auprès de la force armée.

5 Vendémiaire an IV : Mêmes dispositions contre les
présidens et secrétaires des assemblées primaires et électo-
rales, qui s'occuperaient d'objets étrangers aux élections.

3 Brumaire an IV : Loi qui confirme ou modifie plusieurs
dispositions des sections 2 et 3 du Code pénal de 1791,
sur les délits contre la *sûreté de l'État*. Cette loi porte en
substance :

— Peine de *mort* contre les conspirateurs, et dans le cas
d'abolition de la peine de mort, *vingt-quatre années de
fers.* Ordans

ou Même peine contre les individus qui feraient des enrôle-
mens sans y être autorisés.

Contre toute attaque ou résistance envers la force armée.

Contre tout envahissement de ville, forteresse, magasins, arsenaux, etc.

Contre toute pratique ou intelligence avec des révoltés.

Contre les généraux de terre et de mer qui en *retiendraient le commandement* contre la volonté du pouvoir exécutif.

La teneur de cette loi est en grande partie conforme au Code de 1791, à l'exception que la peine de mort y peut être supléée par celle de vingt-quatre ans de fers.

La même loi porte :

Quinze ans de *gêne* contre ceux qui s'opposeraient aux assemblées primaires ou qui tenteraient de les dissoudre.

Peine de *mort* ou *vingt-quatre ans de fers* contre ceux qui attenteraient à la *sûreté du corps législatif*, qui empêcheraient sa réunion, qui voudraient *le dissoudre*, ou entraver la liberté de ses délibérations.

Cette disposition n'a pas empêché le 18 brumaire d'avoir lieu, ce qui prouve que des lois sans vigueur ne sont que des feuilles de papier.

27 GERMINAL AN IV : Peine de *mort*, vingt-quatre ans de fers ou déportation contre les provocateurs à la sédition, par des *discours*, des *écrits* imprimés, distribués, ou affichés. — Déclare *séditieux* les rassemblemens où se font des provocations du même genre. Ordonne la peine des *fers* contre ceux qui portent un signe autre que la cocarde nationale.

28 Germinal an IV. Loi qui prononce de *six mois à
deux ans d'emprisonnement* contre les éditeurs de journaux, sans nom d'auteur ou d'imprimeur; même peine
contre les *distributeurs et colporteurs*.

Deux ans de fers, dans le cas où l'éditeur ne pourrait
indiquer l'auteur.

Après la journée du 18 fructidor un acte arbitraire plaça
pour un an les journaux sous la censure de la police, ainsi
que les feuilles périodiques, avec le droit de *prohiber*.
(Cette loi fut renouvelée l'année suivante.)

Telle est l'analyse succinte des dispositions pénales françaises, depuis 1791, jusqu'au 18 brumaire an VIII. A cette époque le directoire, par
une suite d'actes oppressifs s'étant mis au dessus
de toutes les lois, disparut devant la volonté d'un
homme, et la nation se crut trop heureuse d'être
délivrée par une poignée de soldats.

Si nous ne suivons pas la filière sous le consulat,
sous l'empire, et jusqu'à ce jour, c'est que la législation pénale de ces périodes est généralement
connue, présente à l'esprit de tout le monde, et que
ce parallèle serait sans utilité. Notre but a été principalement de rechercher ici l'origine de l'*exception* et de l'*arbitraire*, de remonter à sa source, et
d'en démontrer les traditions. Nous laissons au lecteur le soin de faire les rapprochemens.

Nos fièvres politiques eurent toujours à peu près
les mêmes degrés d'intensité, quelles que fussent

leurs couleurs : si on voulait se livrer à des recherches plus étendues, on prouverait facilement
que les acteurs des petites persécutions de 1815
n'étaient que des copistes ; plusieurs d'entre eux,
couverts d'un masque trompeur, répétaient gau-
chement les rôles qu'ils avaient joués en 1793.

« Un petit bout d'oreille échappé par malheur
» Découvrit la fourbe et l'erreur. »

§ XXI.

DE LA FORFAITURE DES MAGISTRATS DANS L'EXERCICE DE LEURS POUVOIRS, ET DE LA PRÉVARICATION.

LA prévarication des magistrats est un des crimes les plus nuisibles à l'ordre social. Les Romains,
depuis les douze tables jusqu'à Justinien, punissaient ce délit de la mort et de l'exil. Les Anglais
en ont senti pareillement l'importance ; une loi,
qui subsiste encore aujourd'hui chez eux, ordonne
d'effacer à jamais le coupable de la liste des citoyens, lui en ôte tous les droits, porte que sa
maison sera démolie, ses prés sillonnés par la
charrue, ses biens confisqués, et son nom voué à
l'exécration publique. Le grand duc de Toscane
déclare les magistrats prévaricateurs incapables

d'exercer aucun pouvoir, et les condamne comme atteints de violence publique.

Rien n'est plus juste que cette sévérité; dès que la loi est violée ou mise en oubli, il n'y a plus de sécurité pour les citoyens, il n'y en a plus pour le pouvoir, il n'y en a plus pour personne. C'est dans les pays libres surtout, et sous les gouvernemens représentatifs que la responsabilité des magistrats doit être plus rigoureusement définie, parce qu'ils doivent compte non seulement au souverain, mais à la nation, de la portion d'autorité qui leur est confiée: ce serait donc fort mal à propos qu'on assimilerait à la calomnie la simple critique de leurs actes administratifs; une préfecture n'est point un *pachalick*.

Il y a peu de contrées où la législation soit aussi riche de dispositions sur la responsabilité des agens du pouvoir qu'en France, et il n'y en a aucun où l'on se soit montré aussi peu jaloux de leur exécution. La loi du 3 brumaire an IV, a renouvelé à cet égard celles du Code pénal de 1791; on a ajouté d'autres relatives à la liberté individuelle, aux détentions illégales, aux actes arbitraires, et à la forfaiture des juges. Tout cela est complétement oublié.

La constitution de l'an VIII rappelait et confirmait spécialement cette législation; la Charte a consacré ces principes en termes formels; par quelle fatalité l'habitude d'une obéissance servile nous a-t-elle donc empêchés d'en réclamer l'exécution? c'est que comme ces esclaves qui portent encore l'empreinte de leurs chaînes longtemps après leur délivrance, le régime absolu nous a stygmatisés profondément, nous a fait perdre jusqu'aux traditions constitutionnelles, et que nous ne savons pas prendre l'attitude qui nous convient.

D'un autre côté on ne saurait se dissimuler que les difficultés de la prise à partie contre les magistrats infracteurs effrayent jusqu'aux moindres citoyens, parce qu'elles deviennent invincibles, que les moyens laissés à la victime sont ou paralysés, ou insuffisans, ou sans action, surtout depuis que le conseil d'état s'en est attribué inconstitutionnellement la connaissance préliminaire et exclusive. Trop souvent ceux qu'ont à se plaindre d'abus de forfaiture redoutent, après une longue détention d'en attaquer les auteurs, parce qu'ils ne voient en perspective qu'une procédure périlleuse dont l'issue est plus qu'incertaine! Ainsi l'homme qui pourrait éclairer l'opinion publique reste accablé de craintes et de dégoûts, sa langue se glace, il préfère le silence quand il serait si utile de parler; il se contente de dire: *Ah! si le Roi le savait!* mais comment le Roi le saura-t-il si on ne parle pas? On me dira que l'opprimé peut à la dernière extrémité user de son droit de pétition auprès des chambres et c'est précisément là où commence une autre mer d'incertitudes. Qu'est-ce que le droit de pétition? jouit-on de ce droit quand les chambres passent à l'ordre du jour, et quand elles renvoient la réclamation à un ministre qui peut n'y donner aucune suite? enfin, jouit-on de ce droit tant qu'une loi n'a pas déterminé son étendue dans l'esprit de la charte? D'ailleurs faudra-t-il attendre chaque session pour prier les députés de faire rappeler un commissaire de police, un juge ou un préfet à l'ordre? Ces lenteurs finiraient par assurer l'impunité.

Je ne vois d'autre parti à prendre, pour arrêter les plaintes scandaleuses de vexations et d'abus de pouvoir, que d'envoyer des commissaires à certaines époques dans les différentes parties de la France, à peu près comme il se pratiquait au temps de Charlemagne ; ils recevraient les réclamations en *forfaiture* ou *déni de justice*, prendraient des informations, recueilleraient les pièces et feraient rapport au gouvernement qui ordonnerait la mise en jugement des magistrats prévaricateurs.

Il conviendrait de fixer également l'attention publique sur les détentions, en obligeant tout concierge de prison, sous des peines graves, à déclarer dans le jour au chef *du juri* les individus écroués, les motifs de leur écrou, et les signataires des mandats d'arrêt ou de dépôt, afin que si la détention est reconnue arbitraire il puisse la dénoncer sur le champ à l'autorité, et même requérir des poursuites légales contre le signataire du mandat, à l'effet d'obtenir des dommages et intérêts au profit de la victime.

Je cherche en vain dans le Code pénal le dédommagement auquel a droit un malheureux qui a longtemps souffert dans sa personne et dans ses biens par suite d'une fausse dénonciation, lorsqu'il est reconnu innocent par un tribunal, et je ne le trouve pas. Est-ce donc assez de proclamer froidement qu'un homme est acquitté, lorsqu'il a éprouvé une longue détention, lorsqu'il a supporté l'appareil et couru les risques d'une procédure criminelle dans laquelle il pouvait succomber? La loi, en recherchant les coupables, doit-elle opprimer ceux qui ne le sont pas? Non sans doute; soit que l'accusé ait un dénonciateur connu, soit que le magistrat ait ordonné trop légèrement les poursuites, il est dû réparation; une indemnité proportionnée doit être accordée sur le champ.

Sous l'empire d'une législation où le dénonciateur d'un crime imaginaire pourrait se flatter d'échapper aux poursuites, il n'y aurait ni sûreté, ni confiance, ni repos; on verrait une foule de bri-

gands jouir dans la malignité de leur cœur du plaisir de la vengeance et de la persécution. Quel affreux
usage les partis n'ont-ils pas fait de cette impunité !
quel aliment barbare n'a-t-elle point fourni au
crime contre l'innocence !...... Il faut se hâter de
réprimer ces excès monstrueux de la bassesse, et de
la délation ; il faut enfin que les lois nous défendent
et nous offrent des garanties.

§ XXII.

CONCLUSION.

L'esprit de corps, l'esprit aristocratique ont disparu ; ils sont remplacés par *l'esprit de parti*. L'influence de ce dernier nous a seule privés jusqu'ici
des avantages du régime constitutionnel, parce
qu'il enchaîne, corrompt, égare le jugement. On
voit en effet des écrivains, dont le courage n'a pas
été comprimé à l'aspect des cachots, n'oser publier un écrit sage et utile, dans la crainte de
perdre la faveur de *leur parti* ; on se fait libelliste
pour plaire à *son parti*, à sa cotterie. Un homme
méprisable devient tout à coup un héros, s'il se déclare le champion de nos préjugés ; une action coupable devient légitime si elle sert nos passions : *di-*

tes comme nous et vous serez les meilleures gens du monde.

Cependant la vérité, la justice n'ont pas deux poids et deux mesures, et je ne vois aucune raison pour qu'un sot, un fripon soient honorés par le seul motif qu'ils seront *ultra* ou *indépendans*. Ainsi je dis aux uns : ne prenez pas le flambeau qui vous éclaire pour une torche qui vous brûle; et aux autres : distinguez les miopes des aveugles ; quant à ceux qui sont de l'avis de tout le monde je les laisse en repos, car celui qui ne sait dire ni *oui* ni *non* est moins que *zéro* ; être *d'un parti* et *prendre un parti* lui sont également impossible.

Ce qu'il y a de plus fâcheux c'est que l'apathie, les divisions et les préventions des hommes deviennent toutes également favorables à l'arbitraire. Les meilleurs esprits, les citoyens les plus éclairés consolident ainsi l'abus de pouvoir, et tranquillisent les fauteurs du despotisme, qui pour notre malheur comprennent trop bien le secret de la domination.

Que serait-ce donc si les législateurs eux-mêmes cessaient d'être unis, et si l'intolérance politique désorganisait le *bon parti*, c'est à dire celui qui veut franchement *l'ordre* et la *liberté* ? Alors l'amour sublime de la patrie se changerait en de viles passions, l'intérêt personnel se montrerait sous les livrées du bien public. Tous se disputant la popularité chacun la perdrait, et de même qu'on voit à la guerre des troupes amies se fusiller, ou un général ignorant qui fait tirer sur les siens, on verrait à la tribune des hommes intéressés à combattre dans les mêmes rangs, engager entre eux une lutte impolitique, pendant que l'ennemi profiterait habilement de leurs fautes. Rappelons-nous que la division des Grecs fit durer dix ans le siége de Troie.

Hommes de bien! amis du peuple et du trône, quelles que soient vos couleurs, il s'agit du salut de la France. Serrez-vous contre *l'arbitraire*, lui seul est l'ennemi de tous; attaquez-le dans ses derniers retranchemens; qu'importe qui aura décidé la victoire pourvu qu'on l'obtienne. Ce n'est ni tel ni tel, ce sont les *principes constitutionnels* qui doivent triompher. La gloire dans cettte circonstance n'es pas d'être chef de parti, grand orateur, habile politique, tribun du peuple; la gloire, la véritable gloire est de montrer un cœur français, et d'être dévoué à la chose publique.

FIN.

POST-SCRIPTUM.

Les événemens se pressent avec une telle rapidité que cet écrit a vieilli avant que l'impression fût terminée. Au moment où les dernières feuilles sortent de la presse, le Ministère de la Police est supprimé. Grâce soit rendue au Souverain qui marche ainsi au-devant de l'opinion publique. Nous vivons sous un Prince dont la justice et la probité sont les principaux fondemens de nos libertés et de l'ordre public; il sait ce qui convient à une Nation éclairée, instruite de ses droits et de ses devoirs; il connaît les maux de la France, il y mettra un terme. Reconnaissons de plus en plus la haute sagesse d'un Roi auquel il suffit que le vœu des peuples soit connu pour être accompli. Sa volonté, ses intentions sont manifestes, il ne faut plus que des voix courageuses pour signaler l'iniquité qu'il désapprouve et que son cœur désavoue.

TABLE

DES PARAGRAPHES.